俄罗斯媒体格局与融合发展

以“今日俄罗斯”为例

中国国际广播电台◎著

世界知识出版社

编委会

序言一

今年适逢《中俄睦邻友好合作条约》签署15周年和中俄战略协作伙伴关系建立20周年。中俄全面战略协作伙伴关系呈现前所未有的积极发展态势。

中俄媒体承载着增进双方相互了解和认知、促进友谊、深化合作的使命。近年来，双方媒体不断拓展合作，为夯实中俄关系的社会民意基础发挥了不可替代的作用。媒体合作成为两国关系不可或缺的一部分。

中俄友好、和平与发展委员会中方媒体理事会推出《俄罗斯媒体格局与融合发展》一书，为读者了解俄罗斯媒体和国情打开了一个窗口，对深化双方媒体合作、推动两国相互进行正确客观报道和舆论引导具有重要意义。

今年是中俄媒体交流年。希望以中国国际广播电台和“今日俄罗斯”国际新闻通讯社为代表的两国媒体加强合作、互学互鉴，见证和记录中俄两国携手共创的历史新篇章。

谨代表中俄友好、和平与发展委员会向《俄罗斯媒体格局与融合发展》的出版表示祝贺！

中俄友好、和平与发展委员会中方主席

2016年9月

序言二

《俄罗斯媒体格局与融合发展》一书是中国国际广播电台俄语传播从业者研究俄罗斯媒体发展的最新学术成果，是中俄媒体加强相互理解、交流与合作的体现，是双方媒体聚力共促双边关系发展之愿望的实践。

该书从媒体格局与现状、媒体市场、媒体特点与发展趋势等方面，详细介绍了20世纪90年代以来俄罗斯媒体的发展路径，概括和总结了俄媒发展特点，展望了俄媒发展趋势。结合国内媒体和社会各界关注的热点，本书以“今日俄罗斯”国际新闻通讯社和“今日俄罗斯”电视台（即RT电视台）为例，结合经典案例，解读了俄罗斯主要对外传播媒体的经验以及启示。“今日俄罗斯”品牌的成功说明世界新闻传播格局正发生剧烈变化。

在2014年博鳌亚洲论坛媒体领袖圆桌会议上，我曾说过，“当今传媒业的变局，发端于技术的革新进步，发酵于观念的交融交锋，发展于资本的推动运作”。回顾历史，不难得出结论，各国媒体的发展历程均受媒体技术、理念创新、资本运作这三者的影响。同时我们也看到，与欧美媒体的发展模式相比，中俄两国媒体选择了更适合本国国情的发展道路。因此，在目前的全球媒体格局下，两国媒体间合作有利于双方民众的相互了解，有利于为"丝绸之路经济带"建设与欧亚经济联盟建设的对接创造良好的舆论环境。同时，还有利于两国主动争取国际话语权，共同推动中俄全面战略协作伙伴关系深入发展。如同时任俄罗斯总统办公厅主任谢尔盖·伊万诺夫2016年3月在北京出席第二届中俄媒体论坛时所指出的："你们向国际信息空间推送的是真实的、而不是人为杜撰的文明价值观和价值取向"。

如书中所言，在塑造国家形象方面，媒体的作用愈发重要，是"软外交"的重要构建元素。就中国的对外传播媒体而言，连接中外、沟通世界、发展国际合作是工作的重点内容之一。在这方面，国际台积累了丰富经验。自2006~2007年中俄举行"国家年"活动以来，我台与塔斯社，全俄国家电视广播公司旗下的文化频道、历史频道和"我的星球"频道，《俄罗斯报》，"今日俄罗斯"国际新闻通讯社，"今日俄罗斯"电视台，西伯利亚广播电台等，在系列"主题年"框架内实施了多个具有国际影响力的媒体项目。最新例证是在中俄青年友好交流年期间推出的大型多媒体文化项目《你好，中国》青春季（第三季）。中国国务院总理李克强在"青年年"闭幕式上致辞时表示，“中方拍摄的多集微电影《你好，中国》之《中国创客》一集，在俄罗斯受到广泛好评，收看人数超过1亿人之多，充分反映出两国人民渴望交流沟通、分享各自经验的共同心愿”。此外，在中俄人文合作委员会及中俄友好、和平与发展委员会的框架下，两国间的媒体合作取得了一系列实际成果。

与俄罗斯媒体相似，中国媒体特别是对外传播媒体现阶段也正经历着变革时期。中国国际广播电台创办于1941年。在75年的发展历程中，国际台发展成为沟通中国与世界的重要桥梁，成为中国推动建设和谐世界的重要舆论力量。特别是最近十余年间，在全球化、综合化、本土化、品牌化、融合化的发展道路上，国际台成为中国开展对外传播和国际媒体合作诸多理论、理念、合作模式的首倡者和实践者。展望未来，无论是中国媒体，还是俄罗斯媒体，集团化和综合化是发展趋势。在这一过程中，新媒体将发挥重要作用。在传统媒体与新媒体融合方面，俄罗斯媒体的发展趋势主要呈现出四大特点：一是传播手段和渠道融合，二是内容生产方式融合，三是品牌融合，四是机构融合。这些对于发展道路的探索以及经验值得中国媒体借鉴。

该书出版于中俄友好、和平与发展委员会媒体理事会第三次圆桌会议举行前夕。在2015年9月举行的首次会议上，中俄媒体发布了关于深化双边合作的倡议书。

我深信，此次会议将进一步推动中俄媒体的合作实践。两国媒体将以务实合作赋予中俄媒体交流年丰富的内涵，并以此为这一主题年活动的成功举办作出贡献。

同时，以此书向中俄致力于双边关系发展的全体媒体同仁致敬！

中俄友好、和平与发展委员会媒体理事会中方主席

中国国际广播电台台长

2016 年 9 月

目 录

第一章
俄罗斯媒体格局与发展现状

作为文化大国，苏联（俄罗斯）的媒体市场有着起步时间早、发展规模大、结构复杂等特点。20 世纪 90 年代苏联解体对于俄罗斯媒体市场的冲击影响尤为明显。如今，我们来探讨俄罗斯媒体市场的格局现状和发展趋势，更多的也是定位于苏联解体后的这个时期，不仅仅因为在这一时期俄罗斯媒体市场与苏联时期相比发生了根本性的变化，更重要的是，俄罗斯媒体的市场经济转型进程对于同处于这一时期的中国媒体市场来说，有一定的借鉴意义。

俄罗斯政府一直对媒体市场管理监督工作非常重视，这从俄罗斯政府的基本框架中就能看出：尽管机构名称以及建制在近 20 多年来发生了多次变化，但在俄罗斯政府的顶层设计中，主管媒体舆论的部门始终是俄罗斯政府框架内的部级行政主体。在俄罗斯政府最近一次机构改革中，这个部门被命名为俄罗斯联邦通信与大众传媒部。其前身是苏联通信部，统管全国的邮政、电报电话、无线电通讯以及广播、电视、期刊等大众传媒事务。苏联解体后，俄罗斯联邦政府成立了俄罗斯联邦通信部，其职能分工与苏联通信部相同。1997 年，俄罗斯联邦通信部被改组为国家通信与信息委员会。1999年，改组为国家电信委员会。同年年底，在国家电信委员会基础上设立了俄罗斯联邦通信与信息化部。2004年，通信与信息化部被废除，代之以俄罗斯联邦信息技术与通信部。2008年，信息技术与通信部被改组为如今的俄罗斯联邦通信与大众传媒部。其具体职能为：行使俄罗斯最高行政机关在信息技术、电子通信、大众传媒（包括网络、数字媒体）领域的政策制定和依法管控权力。

从俄罗斯通信传媒主管部门在短短20多年间的频繁改组就能看出，俄罗斯媒体市场的发展在苏联解体后出现过相对混乱、缺乏监管的时期，这也是俄罗斯媒体市场发展的三个阶段当中最为艰难、无序的一个阶段。步入新世纪以后，随着政治企稳、经济复苏，俄罗斯的媒体市场才慢慢进入稳定发展阶段。也正因为这段复杂多变的经历，如今的俄罗斯媒体市场格局具备了不同于其他国家尤其是欧美国家的特质。

当前，俄罗斯联邦通信与大众传媒部下设两个直属机构来直接管理俄罗斯种类繁多的媒体组织。这两个机构分别是：联邦出版与大众传媒署，联邦通信、信息技术与大众传媒监督局。其中，出版与大众传媒署主要负责制定俄罗斯媒体市场的各类政策，为媒体提供各类国家服务，管理协调俄罗斯国有媒体资源等，而联邦通信、信息技术与大众传媒监督局则主要负责审核媒体资质、监督和管理各类媒体机构的市场活动等。

整体上，在俄罗斯联邦通信、信息技术与大众传媒监督局合法注册的从事媒体活动的组织可以分为以下几类：通讯社、报纸、杂志、电视、广播、电子期刊、网络媒体以及没有自营传播平台、专门为其他媒体提供各类媒体产品的节目制作商。

据俄罗斯联邦通信、信息技术与大众传媒监督局2014年5

月发布的2013年度工作报告的相关内容，截至2013年年底，俄罗联境内合法注册的通讯社共有1619家，报纸26983家、杂志32278家、电视频道2468个、广播频道2816个、电子期刊5963家、节目制作商16000多家。互联网方面，截至2014年年初，在俄罗斯境内合法注册的网站数量约为587万个。

需要指出的是，在俄罗斯，媒体名称与媒体所有者的名称大多不一样，因此，在俄罗斯的一些相关报告中，有关媒体数量以及产业规模的数据时常会有出入。莫斯科大学新闻系副教授斯米尔诺夫在其2014年出版的《俄罗斯媒体集团》一书中就坦承，当前，进行俄罗斯媒体市场研究最常碰到的一个系统性问题就是统计数据的混乱。本书中所采用的相关数据，主要来自俄罗斯联邦出版与大众传媒署，俄罗斯联邦通信、信息技术与大众传媒监督局，国立莫斯科大学新闻系的相关研究报告，以及“今日俄罗斯”国际新闻通讯社提供的内部资料和数据。

第一节 新闻通讯社

俄罗斯各类新闻通讯社近20年间的发展，与俄罗斯市场经济转型、俄罗斯新闻市场对于独立且客观信息的需求不断增长有着密切的联系。在这个过程中，很多老牌通讯社以及一些成立于20世纪80年代末、90年代初的通讯社克服了各类组织、技术难题，发展迅速。

截至2013年，在俄罗斯联邦通信、信息技术与大众传媒监督局合法注册的通讯社共有1619家。根据各自的运营特点，当前俄罗斯的通讯社大体可以分为三类：综合性通讯社、专业性通讯社和互联网通讯社。

虽然数量繁多且特点各异，但俄罗斯的通讯社在近十多年的发展过程中仍然体现出很多共同的发展特点：高度重视在新闻生产和传播过程中研发和运用新媒体技术手段；目标受众和内容定位比较明晰；投入大量资源进行市场调研，尽最大可能按照受众的需求和兴趣来提供新闻产品，满足受众的需求；不断加大对新闻从业人群的专业培养力度，加强评论分析部门建设，打造立场鲜明的新闻产品。

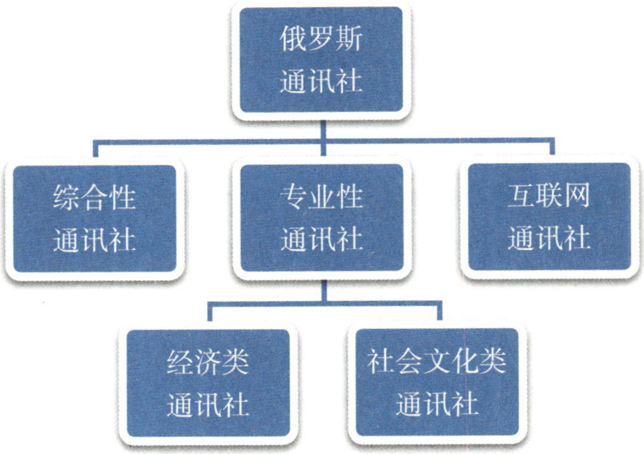

图 1–1　俄罗斯通讯社总结构

当然，在俄罗斯上千家新闻通讯社中，控制着主流舆论、掌控着媒体市场走向的仍然是少数几家国有大型综合性通讯社——塔斯社（TASS）、原俄新社（RIANovosti）和俄罗斯国内最大的私有通讯社——国际文传电讯社（Interfax）。值得一提的是，2013年年底，俄罗斯总统普京签署总统令，撤销了俄新社等国家级媒体，并在其基础上新成立“今日俄罗斯”国际新闻通讯社，对外报道俄罗斯国家政策和社会生活。“今日俄罗斯”国际新闻通讯社也一跃成为目前俄罗斯最大的新闻通讯社。

一、综合性通讯社

俄罗斯的综合性通讯社多为国有，在财政、人力、政策等各方面都能得到来自联邦政府或者地方政府的扶持，实力雄厚。具有代表性的如塔斯社和原俄新社。而成立于20世纪90年代初的私有通讯社——国际文传电讯社，经过20多年的发展也成为俄罗斯国内最大的通讯社之一，对于俄罗斯国内舆论有着重要影响力。

（一）塔斯社（TASS）

塔斯社是俄罗斯历史最悠久的新闻通讯社。有关塔斯社的历史，最早可以追溯到1904年成立的圣彼得堡电讯社，这是俄罗斯历史上第一家新闻通讯社。此后，圣彼得堡电讯社经过多次重组，于1925年定名为塔斯社，并被定位为苏联的国家通讯社。苏联时期，塔斯社和苏联各加盟共和国通讯社组成了统一的新闻通讯系统，并在100多个国家设有分社。它以电传方式全天候地向国内外播发国际国内消息，同时还印发新闻电讯稿和活页新闻。在政府的扶持下，塔斯社快速发展，并一跃成为世界上最大的国际性通讯社之一。

苏联解体后，俄罗斯政府在塔斯社的基础上新组建了俄罗斯通讯社，并以“俄通社—塔斯社”（以下简称“俄塔社”）的名义对外发稿。2014年年初，在俄罗斯国有媒体重组进程中，俄塔社又将名称改回为苏联时期使用的名称即塔斯社。如今，塔斯社是俄罗斯两大国家通讯社之一，在包括中国在内的63个国家设有分社、记者站或代表处，用俄语、英语、西班牙语、法语、德语、阿拉伯语六种语言对外发稿，为全球上千家媒体、企业、机构等提供信息服务。塔斯社还是俄罗斯总统办公厅、俄罗斯政府、俄罗斯议会、俄罗斯安全委员会等国家核心机构的新闻信息提供商。

塔斯社为其受众提供的信息服务非常丰富，主要包括常规新闻服务、重大新闻事件特别报道、服务性信息提供、广告商务服务、传播技术服务以及新闻产品定制和推送服务等。

制作重大事件的新闻信息产品是塔斯社最重要的工作之一。为此，塔斯社搭建了多条新闻发布平台。其中“新闻专线 –1”实行 24 小时全天候运营，不间断地发布俄罗斯国内外的各个新闻事件。目前，俄罗斯国内几乎所有的全国性和地区性报纸、电视台、通讯社以及很多外国使领馆、外国媒体驻俄罗斯代表处都订阅了这条新闻专线。这条专线可以根据订阅用户需求实时传送定制化的新闻产品，订阅和推送周期也比较灵活，主要取决于用户的实际需求。

塔斯社的另一个新闻平台“新闻专线 –2”主要发布俄罗斯国内发生的重大新闻事件的相关消息以及国际社会的反应。这条专线的主要用户是行业媒体、地方性媒体以及独联体、波罗的海地区的媒体。

此外，塔斯社还设有专门为新媒体提供新闻服务的“塔斯—信号”（TASS–Signal）、为区域性媒体服务的“塔斯—快捷”（TASS–Express）以及按照新闻类别划分的各类专业性新闻产品和平台。

在媒体服务方面，塔斯社还根据媒体用户的不同需求，开通专门的新闻线索专线“塔斯—预告”，发布未来一段时间的重大新闻事件的预告、采访注册信息等内容，同时还可以筛选整合俄罗斯主要媒体的新闻素材，提供给订阅用户。此外，一些行业周刊性质的新闻产品也会根据用户的具体需求进行定期推送。

在进行常规新闻产品制作的同时，塔斯社的新媒体平台发展战略也在逐步实施。目前，塔斯社通过其官方网站（itar-tass.com）、社交媒体平台等新媒体形态对重点受众和普通受众提供新闻信息服务。

塔斯社的官方网站非常重视图片和视频内容。依托自身强大的图片采集能力，塔斯社官网刊发大量独家图片，而且一直是俄罗斯网络媒体的重要图片来源。塔斯社的视频内容绝大部分都是原创作品，被广泛转发。塔斯社在“脸书”（Facebook）、“推特”（Twitter）、“接触网”（VK）等俄罗斯网民普遍使用的社交网站上均开设有官方账户，粉丝量分别为30万（Facebook）、20万（Twitter）、35万（VK），影响力很大。

值得一提的是，随着媒体间竞争的越发激烈，新闻时效性和准确性之间的矛盾越来越突出。相比一些过分追求时效性的媒体，塔斯社的消息更加准确；相比一些重视新闻准确性的媒体，塔斯社的消息更加快速。整体上，塔斯社在新闻的准确性和时效性之间找到了平衡点，因而得到了外界的广泛好评。

塔斯社的实践充分说明了一点，在新媒体快速发展的时代，传统媒体必须在坚持最核心的新闻采编原则基础上，改革业务模式，拓展业务空间，打破传统媒体发展的固有模式和框架。在这一点上，塔斯社的发展模式在俄罗斯有较强的代表性。不过需要指出的是，塔斯社在发展迅速的移动客户端方面还没有进一步的动作和部署。相比之下，俄罗斯新兴通讯社正在快速占领这一阵地。在未来的发展战略上，塔斯社还是略显保守。

（二）国际文传电讯社（Interfax）

成立于1989年的国际文传电讯社，是整个独联体地区最大的私人媒体集团，以专业的政治经济报道和分析评论受到广泛关注。

国际文传电讯社是一个封闭式股份有限公司，旗下拥有近20个子媒体和传媒公司，100多份出版物。其中大部分子媒体都以制作新闻产品为首要业务。值得一提的是，与很多俄罗斯国营媒体在境外设立记者站或代表处不同的是，国际文传电讯社在境外主要以设立独立运营的子媒体或传媒公司为主。目前，国际文传电讯社在西方国家已经设立了“国际文传电讯社—美国”、“国际文传电讯社—欧洲”、“国际文传电讯社—德国”等子媒体，一方面它们发挥媒体本土化优势，报道当地的新闻事件；另一方面，通过这些子媒体向海外受众直接报道俄罗斯国内发生的各类新闻。目前，国际文传电讯社通过全球近40个分支机构和代表处，使用7种语言向各国客户提供100多项信息服务。同时，国际文传电讯社还与各国主要的通讯社展开新闻素材互换合作，尽可能寻求传播效率的最大化。除此之外，国际文传电讯社还设立有金融、石油等领域的独立新闻采编部门或子媒。

国际文传电讯社在独联体地区的影响巨大，在乌克兰、白俄罗斯、哈萨克斯坦、阿塞拜疆等前苏联国家分别设有分支机构，专注于当地媒体市场的开发。

2000年，国际文传电讯社开始开发中国市场，目前已在北京设立了中国分社，在上海、香港设有记者站或代表处。2005年，国际文传电讯社中国分社推出过面向中国市场的英语网站。

国际文传电讯社的主打新闻产品是主要关注政治经济领域新闻的新闻专线“国际文传电讯社—新闻”。这一专线主要就俄罗斯国内重大的政治、经济新闻做出及时的报道，被誉为俄罗斯新闻业内最好的新闻专线之一。国际文传电讯社对经济类新闻非常关注，创社后不久就专门成立了全球经济分析部门。该部门撰写了大量高质量的经济分析性文章、市场调研报告、产业报告等，受到了广泛好评，为国际文传电讯社良好媒体口碑的建立作出重要贡献。其旗下的“商务”新闻专线、“金融”新闻专线、“石油”新闻专线是最受欢迎的新闻产品。如今，俄罗斯国内各行业的主要企业、80% 的商业银行都成了国际文传电讯社的长期客户，国际文传电讯社还为全球 2 万多家企业、投资人提供信息服务。

随着时代发展，国际文传电讯社不断加大在新媒体平台、电子商务领域的投入力度。国际文传电讯社的新闻移动客户端下载量稳居同类软件下载排行榜前十，通讯社在社交网络平台也拥有百万量级的用户。为了适应信息技术的快速发展，通讯社特别设立了独立运营的研发企业，专注于在信息技术革命下新媒体领域的信息推送、数据搜索、分析工具等平台的开发。

（三）俄新社（RIANovosti）

俄罗斯新闻通讯社简称俄新社，正式成立于 1991 年，其前身为 1941 年成立的苏联新闻社。俄新社曾与塔斯社并称俄罗斯两大全国性综合通讯社。

进入 21 世纪以来，俄新社的发展极其迅猛。作为国家通讯社之一，俄新社加大了采编力量的培养，在全球各地开设了 40 多个分社、代表处、记者站。在加强采编力量的同时，俄新社还积极搭建新闻信息平台，在包括北京在内的多个城市设有新闻中心，定期举办新闻发布会。2013 年年底改组前，俄新社已经超越塔斯社，成为俄罗斯国内最大的新闻通讯社（有关俄新社的具体内容本书第四章第二节会详细介绍）。

二、专业性通讯社

（一）经济类通讯社

随着市场经济的发展，各界对于金融经济方面的信息需求不断增加，于是，在俄罗斯媒体市场出现了大批主要传播经济、实业、金融等方面信息的专业通讯社。这些经济类通讯社在市场经济大潮中得到了快速发展并逐渐成为俄罗斯媒体市场的重要组成部分。整体上来说，这类通讯社的发展与俄罗斯国内经济以及全球经济发展趋势直接相关。他们的主要客户是各类银行、投资公司和经纪服务机构。

需要指出的是，俄罗斯的经济类通讯社并不是市场的直接参与者，他们只停留在专业的市场新闻活动领域。对于这些通讯社来说，他们的主要目的就是在激烈的市场竞争中追求利润的最大化。

也正因为如此，这些通讯社的新闻产品形成了自己独有的特点：他们不仅向客户提供信息成品，同时还为客户研发相关电脑软件，定制专门用于分析信息数据、帮助企业做出经济决策的产品。一些大型经济类通讯社研发的信息处理终端已经在俄罗斯的金融证券市场被广泛应用，逐渐成为市场软件基础设施的重要组成部分。这种市场应用特点决定了经济类通讯社必须与自己的客户保持密切联系，与经济伙伴建立各种形式的合作关系，不断地关注客户对其新闻产品的使用便利度，从而提高自身与客户的共同收益。

俄罗斯的经济类通讯社多达数百家，其中比较有影响力的包括“俄罗斯商务咨询”、“AK&M”、“金融市场”等。

“俄罗斯商务咨询”通讯社（RosBusinessConsulting，RBC）创办于1993年。经过20多年的发展，目前已经成为俄罗斯媒体市场中信息技术、金融、证券等领域新闻报道的领军媒体之一。RBC 通讯社通过自己的信息产品“RBC 新闻专线”、“证券报价”系统，为客户提供大量的经济数据。RBC 通讯社自主研发的商务数据交互处理系统，利用先进的互联网技术，帮助用户收集整理俄罗斯互联网上的各类资源信息，同时支持用户通过该系统进行基本的商务洽谈。RBC 通讯社还创办了自己的网站、电视、报纸、杂志等多种形态的子媒体，已经逐步发展成为俄罗斯国内的大型媒体集团。

“AK&M”通讯社创办于 1990 年，最初只是一家帮助新成立的企业制定经营计划和资金募集计划的咨询公司，为客户提供各类数据整理和市场调研服务。公司成立初期，恰逢俄罗斯正在筹备证券市场，“AK&M”开始为自己的客户提供信息服务，特别是首次公开募股（IPO）信息。这一尝试为“AK&M”带来了可观的经济效益，并促使其进行转型。2001 年后，“AK&M”通讯社成为俄罗斯官方认证的证券信息权威披露媒体。经过多年的发展，“AK&M”通讯社成为俄罗斯的全国性经济类通讯社，也是俄罗斯证券行业的权威媒体。“AK&M”通讯社推出的“AK&M 在线新闻”专线、证券信息专线、经济信息搜索系统“数据资本”、《证券报》、IPO 数据分析系统等，在俄罗斯广受欢迎。

“金融市场”通讯社（Finmarket）是专门从事金融信息服务的经济类通讯社，旗下拥有周刊《金融营销》、《场外交易市场》，拥有“货币门户”和“证券门户”信息数据处理中心等新闻产品。“金融市场”通讯社与俄罗斯主要的电视、广播、报刊开展了合作，共同制作金融财经类节目和专栏。“金融市场”通讯社对金融财经类信息的整合与分析非常简洁实用，受到业内的广泛称赞。2007 年，俄罗斯国际文传电讯社以 350 万美元收购了“金融市场”

通讯社 90% 的股份。[①] 2010 年，“金融市场”通讯社获得了俄罗斯“最佳金融媒体”大奖和五年一评的俄罗斯“最佳金融网站”大奖。

除此之外，还有很多专注于市场某一领域的经济类通讯社，而包括塔斯社、国际文传电讯社在内的不少综合性通讯社也在旗下设立或收购了经济类通讯社，从事相关方面的工作。

（二）社会文化类通讯社

社会文化类通讯社主要从事文化、社会领域的新闻信息的采集与传播工作。相对于综合性通讯社和经济类通讯社，社会文化类通讯社在俄罗斯就少了很多。这是由于在俄罗斯绝大多数媒体更关注政治经济方面的新闻，对于社会文化领域则关注较少。当然，这也与社会文化类新闻普遍都是缺乏时效性的“软新闻”有一定的关系。于是，社会文化类通讯社所采编制作的新闻报道普遍追求趣味性和独特性。不过，由于社会文化类新闻产品的经济收益远不如政治经济类新闻产品，因此，和经济类通讯社相比，社会文化类通讯社的规模和财力都有着较大的差距。

目前，在俄罗斯影响力较大的社会文化类通讯社有俄罗斯社会新闻通讯社、俄罗斯生态新闻通讯社、俄罗斯文化新闻通讯社等，其中规模最大的、最知名的是俄罗斯社会新闻通讯社。

俄罗斯社会新闻通讯社（Agency for Social Information）成立于 1994 年，是由几个俄罗斯独立慈善基金会共同倡议成立的非营利性媒体机构。该通讯社每天都会播发大量的有关社会事件和非营利性组织活动的新闻报道，旗下有多个日报、周刊类新闻品牌。在社会新闻通讯社播发的大量新闻中，没有政治类和经济类

① 国际文传电讯社与“金融市场”通讯社官方披露的收购价为 350 万美元，但是据俄罗斯媒体的普遍报道，实际交易价格为 700 万美元。

新闻，也很少报道丑闻、犯罪事件。值得一提的是，除了采写编发大量社会新闻以外，社会新闻通讯社还非常关注来自社会的各种倡议，并成立了公民社会倡议支援中心，对俄罗斯公民、社会组织、非营利性机构所提出的正当诉求和倡议给予传播、舆论等方面的支持，同时对一些社会性活动提供宣传和组织方面的帮助。

三、互联网通讯社

俄罗斯的互联网通讯社与第一批互联网媒体的出现有着密切的联系。其新闻产品和传播方式与传统通讯社也有着比较明显的区别。总体上来说，互联网通讯社高度依托互联网，专注于互联网新闻传播的特性，在新闻产品的表现形式、文字内容上都具有不同于传统媒体的特点，并且拥有更多的传播优势。

在俄罗斯，互联网通讯社的数量已经连续多年持续上升。其中，俄罗斯网络通讯社“链条”（Lenta.ru）、“新闻与信息通讯社”（Agency for News and Information）等新兴通讯社近年来发展迅速。这些通讯社在报道选题上并没有什么特别之处，但他们充分利用互联网技术，主要以整合互联网已有的新闻资源为主要工作，同时配以自主策划的新闻报道，为客户提供高效的、便捷的、实用的信息服务。由于这些通讯社的报道整合了多方信息，在选题策划、报道流程方面充分考虑到互联网用户的特点，尤其是高度重视移动互联网技术的应用，迅速抢占了移动新闻终端市场，受到广大新兴用户的欢迎。

当然，随着互联网技术的不断发展升级，传统新闻通讯社也在尝试着运用互联网技术进行传播模式的改革。他们在保留了传统发稿模式的同时，也开始借用互联网，通过自己的网站、电子信息通道等，实时发布各类新闻。如今，传统新闻通讯社与互联网通讯社之间的区别已经不是根本性和原则性的了，相互融合的趋势越来越明显。在俄罗斯，不少传统新闻社与一些互联网通讯社甚至互为客户，开展起合作来。

第二节 报纸杂志

近年来，北美、欧洲等地区报纸、杂志等平面媒体的发行量以每年 5% 甚至更高的速度持续下降，这也引发了国际媒体市场对于平面媒体“即将消亡”的担忧。这种悲观情绪和互联网媒体的冲击，客观上也加快了平面媒体转型的步伐：传统平面媒体开始转而走上电子平台营销的道路。这些在欧美国家发生的变化，在俄罗斯媒体市场上也能见到。如今，大部分俄罗斯纸质媒体都开设了自己的网站，努力发展移动客户端业务，平面媒体转型已经成为一种趋势。

虽然外界对于平面媒体加快向互联网媒体转型的期待很大，但是在俄罗斯却有着一些不同的声音和局面。在一些俄罗斯专家看来，随着受众群体的细分，报纸杂志依然拥有一定量的用户群，平面媒体与互联网媒体可以共存。俄罗斯联邦出版与大众传媒署 2014 年发布的《俄罗斯平面媒体年度产业报告》就指出，互联网作为一种媒体和广告载体，还没有发展成为媒体市场上完全自立的市场参与者，互联网媒体的高效运作还需要依靠传统新闻采编制作渠道和广告发行渠道。在俄罗斯媒体市场上，在平面媒体不断网络化的过程中，也出现了网络媒体为特定受众群体设立平面媒体品牌的案例。从最新的俄罗斯平面媒体产业统计数据来看，俄罗斯的报纸杂志市场也并没有出现大的萎缩。据俄罗斯联邦通信、信息技术与大众传媒监督局的统计数据，截至 2013 年年底，俄罗斯境内合法注册的报纸共有26983家、杂志32278家，相比2012年，注册报纸和杂志的数量不但没有下降，反而有了小幅上升。

一、报业市场现状

（一）整体情况

目前，在俄罗斯境内合法注册的报纸超过26000家，整体受众规模在最近两年保持了基本稳定，总量大约为6000万人。

以俄罗斯读者数量排名前十位的报纸为例，这一榜单在2012年与2013年并没有发生太大变化。除了《莫斯科快报》的读者数量大幅下滑、关注交通新闻的《方向盘》报读者数量大幅增长、2013年新创办的《新闻速递报》挤进前十名以外，其他七家报纸的读者数量基本保持了稳定，读者规模超过百万的报纸数量也开始增加。

表1-1 俄罗斯主要报纸读者数量

（单位：千人，%）

报刊媒体	2012年		2013年	
	读者数	市场份额	读者数	市场份额
《共青团真理报》	11267.2	18.7	10780.70	17.9
《论据与事实》	6835.0	11.3	7074.40	11.8
鲍尔传媒（Bauer Media）	6904.5	11.4	6277.10	10.4
《莫斯科共青团员》报	3901.1	6.5	3807.00	6.3
《地铁报》	2305.9	3.8	2436.20	4.0

数据来源：俄罗斯市场调研公司“TNS”。

表 1-2 俄罗斯主要日报单期读者数量

（单位：千人，%）

报刊媒体	2012 年		2013 年	
	读者数	市场份额	读者数	市场份额
《手递手报》	3242.9	5.4	1987.2	3.3
《地铁报》	1932.1	3.2	1882.0	3.1
《莫斯科共青团员》报	1048.1	1.7	1068.9	1.8
《俄罗斯报》	1060.3	1.8	966.8	1.6
《苏维埃体育报》	418.9	0.7	473.2	0.8

注：《共青团真理报》因缺乏必要数据而未列入此表。

数据来源：俄罗斯市场调研公司“TNS”。

除了读者规模稳定以外，过去两年，俄罗斯还没有出现过知名报纸停办的案例，注册报纸总量不降反升。所以，整体上来看，俄罗斯的报业市场在最近两年并没有出现灭绝的趋势，整个市场保持了稳定。当然，这并不是说俄罗斯的报纸过于保守，害怕改变。目前，俄罗斯的报业市场也出现了不同于以往的新特点，俄罗斯报纸也在适应数字化时代的潮流，积极转型。

当前的俄罗斯报业市场发展特点可以归纳为以下几点：传统报业稳定地、顺利地发展；数字技术为报纸的发展提供了新的发展机遇；业务类型、服务种类和发行销售渠道呈现多样化发展。

此外，近年来，一些俄罗斯的非平面媒体开始关注纸质媒体市场。2013 年 9 月，“莫斯科回声”电台（Эхо Москвы）就宣布在圣彼得堡开始发行 15000 份发行量的日报。2014 年起，俄罗斯儿童网站“Твиди.ру”（Tvidi.ru）宣布开始发行儿童月刊，目标受众为 8~12 岁的青少年。

（二）俄罗斯主要报纸

1.《共青团真理报》

目前，俄罗斯报业市场上，读者数量最多、影响力最大的报纸无疑是《共青团真理报》。

《共青团真理报》创办于 1925 年，原是苏联共产主义青年团中央委员会的机关报，也是苏联青年的社会政治性中央级日报，主要职责是按照苏共制定的共产主义路线帮助教育青年。《共青团真理报》关注的领域十分宽泛，而且非常善于采写独家报道，其发行量最高时曾创下超过 2000 万份的惊人纪录。苏联解体后，《共青团真理报》进入市场，由于领导得当、定位准确，在激烈的市场竞争中生存了下来，目前已经成为俄罗斯发行量最大的日报，在超过 450 个俄罗斯城市、53 个国家出版发行。

1998 年起，《共青团真理报》开始发展互联网业务，开办了自己的网站（www.kp.ru）。2013 年，《共青团真理报》的官方网站月均访问量达到 2150 万人次，成为 2013 年俄罗斯平面媒体开设的网站中访问量最高的网站。与其他很多平面媒体网站不同的是，《共青团真理报》网站拥有自己独立的编辑部，因此，网站内容更加容易迎合网上读者的兴趣。

除了开设网站以外，《共青团真理报》还开始涉足广电领域。2009 年，他们开办了自己的广播电台，2011 年开办了电视台。当然，所有这些平台都是在《共青团真理报》这个统一的品牌下进行运营，共享新闻资源。

在广告营销上，《共青团真理报》通过提升非平面媒体平台的广告收入来抵销平面媒体广告收入缩水的负面影响，从而保持了广告收入总量的稳定。最近两年，《共青团真理报》非平面媒体平台的广告收入以年均 30% 的增速增长，在整个报业集团的广告收入中所占比例也逐年上升，达到2013年年底的16.2%。当然，纸质媒体的广告收入仍然是《共青团真理报》整个报业集团最主要的收入来源。

2.《俄罗斯报》

俄罗斯政府机关报《俄罗斯报》在俄罗斯报业市场乃至整个媒体市场上都具备了相当的影响力。与商业性报纸不同的是，《俄罗斯报》得到了联邦财政的资金扶持，所承受的经济压力并不如商业报纸那么巨大，其传播目的也有所不同。

自1990年创办以来，《俄罗斯报》就以刊登俄罗斯法律、俄罗斯总统或政府的各项命令、俄罗斯政府各部门报告以及一些官方评论文章为主。从1998年起，《俄罗斯报》开始发展新媒体项目，设立网站等新媒体平台。最初，主要是将平面报纸刊发的内容数字化后在网站上发布。经过多年发展，目前已经成为俄罗斯国内最具权威的综合性网站之一，全面报道俄罗斯政治、经济、社会、体育、文化等各方面的新闻事件。此外，俄罗斯政府大多数法律法规文件均可通过《俄罗斯报》网站的相关栏目进行查询。值得一提的是，《俄罗斯报》网站上刊发的文章几乎全部为自主采写，极少转载其他网站的相关文章。近年来，《俄罗斯报》官网新增了图片与视频专栏，除刊发摄影记者拍摄的大量新闻图片外，还播发网站自主策划拍摄制作的视频类节目，包括访谈、特别报道等，这类视频节目大多是单独策划，选题角度区别于普通新闻报道类视频，更具话题性。2013年，《俄罗斯报》网站的月均访问量超过了1200万次。随着社交网络的快速发展，近两年来，《俄罗斯报》开始在Facebook、Twitter、VK等各大社交网站开设官方账号，扩大影响力。目前，《俄罗斯报》在各大社交平台上的粉丝数量分别为7万（Facebook）、24万（Twitter）、17万

（VK）。

凭借自身权威性，《俄罗斯报》网站和社交网络平台账号的公信力和受关注度都比较高。得益于新媒体平台的发展，《俄罗斯报》在纸媒生存环境不断恶化的情况下，仍基本保持在俄罗斯社会的影响力和话语权。俄罗斯市场调研机构“市场信息中心”最新调查显示，《俄罗斯报》订阅量大约为 40 万份，读者群则有 130 万人左右。值得一提的是，从 2010 年起，《俄罗斯报》进军中国媒体市场，以夹页的形式随中国的《环球时报》发行中文特刊《透视俄罗斯》，向中国读者推介俄罗斯。

2013 年年底，依据俄罗斯总统普京签署的关于俄罗斯媒体整合的总统令，俄罗斯历史类杂志《祖国》正式并入《俄罗斯报》，成为其旗下子媒体。

《祖国》杂志的前身是创刊于 1879 年的同名历史杂志，后因政治动荡及其他原因停刊。1989 年，前苏联《真理报》正式复刊《祖国》杂志，主要刊发历史方面的相关文章。1993 年起，改由俄罗斯联邦出版与大众传媒署直接管理。2007 年，《祖国》杂志被列入俄罗斯主要学术期刊名单，俄罗斯教育和科学部专家委员会可以在杂志上刊发历史学博士和副博士[①]的最新研究成果。《祖国》杂志在俄罗斯史学界享有很高的地位，是目前俄罗斯国内唯一一份历史类杂志。在鼎盛时期，《祖国》杂志的订阅量曾超过 45 万份，不过近年来逐年滑落，目前订阅量在 2 万份左右。《祖国》杂志还不定期发行副刊《来源》，专门刊登一些由苏共中央、苏联国家安全委员会（克格勃）、总统档案室等保管的一些历史机密文件。

① 在俄罗斯，硕士毕业后可申请副博士学位，副博士学位获得后需有一定时限的工作经历后方可申请攻读博士学位。

《祖国》杂志的编委会以及专栏作家大部分在俄罗斯政府、历史科学院或各大博物馆任职。并入《俄罗斯报》之后，《祖国》杂志创作团队没有发生大的变化，而且保持每月发行的频率，只是发行和订阅全部改为《俄罗斯报》的渠道。此举既降低了发行成本，也进一步拓展了《俄罗斯报》的业务广度，为《俄罗斯报》和《祖国》杂志各自吸引了一批新的读者群。

3. 地区性报纸和免费报纸

在俄罗斯，除了诸如《共青团真理报》《俄罗斯报》这样在全国范围内发行的联邦级报纸以外，还有很多影响力较大的地区性报纸。虽然这些报纸主要集中在少数几个地区发行，但由于新闻针对性强、更贴近百姓生活，其影响力、广告收入甚至超过了一些联邦级报纸。

《莫斯科晚报》是一家受到了莫斯科市政府扶持的地方性报纸，创办于 1923 年。不过，莫斯科政府已经决定逐步改变原有的扶持政策，逐年减少对《莫斯科晚报》的资金扶持力度，到 2017 年使《莫斯科晚报》实现自负盈亏。正是因为如此，近年来，《莫斯科晚报》开始了积极的市场开发。《莫斯科晚报》在保留纸质媒体形态的同时，增加了生活服务类信息，越来越多地为莫斯科市民提供各类便民化服务，加大了新媒体平台的经营力度，特别是注重开发社交网络资源，并且在莫斯科搭建了现代化的多功能媒体中心，提供各类媒体服务。经过成功的市场运作，《莫斯科晚报》的广告收入在 2012 年超越了《共青团真理报》《论据与事实》等老牌联邦级报纸。

除了这些商业类报纸以外，在俄罗斯还有一类读者可以免费获取的报纸。这类免费报纸大多出现在地铁、公交车站等地，乘客可以免费索取，其收入来源主要依靠广告。免费报纸在欧洲发达国家比较普遍，并且从2000年起一度得到了迅速发展，不过近两年呈现出衰落趋势。在俄罗斯则不太一样，免费报纸无论是发行量还是种类都有一定的增加。

目前，俄罗斯最大的免费报纸是日报《地铁报》。《地铁报》最早出现在圣彼得堡，后来扩展到了莫斯科、喀山等其他大城市。据俄罗斯市场调研公司“TNS”的最新统计数据，《地铁报》已经成为莫斯科地区读者数量最多的报纸，其读者总量比《莫斯科晚报》高出一倍。

当然，从整体上来看，联邦级报纸在争夺广告资源和读者的竞争中还是具有一定优势的。无论是老品牌《论据与事实》《劳动报》，还是新兴品牌《生意人》《莫斯科新闻报》，都在尽全力拓展自己的品牌和受众群体。尤其是在技术革命不断深化的今天，多平台、多媒体化的融合发展成为俄罗斯各类报纸转型发展的共同选择。

二、杂志市场现状

俄罗斯联邦通信、信息技术与大众传媒监督局2014年发布的工作报告显示，目前俄罗斯合法注册的杂志达到了32278家。

与报业市场相对稳定的发展态势不大一样的是，俄罗斯杂志市场近年来呈现出了停滞、甚至不断萎缩的态势。据俄罗斯通信机构协会的最新统计，2013年俄罗斯各类月刊杂志的广告收入减少了0.3%，周刊杂志的广告收入则下降了9%之多。虽然个别杂志通过成功的市场运作取得了不错的成绩，虽然杂志读者的总量并没有出现大幅下降，维持在6000万人上下，但整个俄罗斯杂志行业未来的发展还是面临着比较大的风险和困难。

表 1-3 俄罗斯主要杂志读者数量

（单位：千人）

杂志媒体	2012 年	2013 年
	读者数	读者数
Burda	18563.0	17848.8
Hearst Shkulev Media	13800.3	13505.0
Sanoma 独立媒体	11201.5	11630.3
《七日》	7946.5	7872.2
《驾驶》	8112.1	7732.0

数据来源：俄罗斯市场调研公司“TNS”2012 年 5~10 月和 2013 年 5~10 月的数据。

目前，在俄罗斯杂志市场上影响力大、读者数量多的杂志有很多是外国杂志的俄罗斯版。读者数量最多的 5 份杂志里有 3 份来自国外。这些最受欢迎的杂志内容以时尚、娱乐、汽车等为主，单期发行量都在 50 万份以上。

为了应对不断增长的发展风险、吸引年轻读者，俄罗斯的杂志普遍走上了数字化发展的道路，依托于纸质杂志，通过拓展杂志发布平台、移动客户端推送等途径，寻求新的发展空间。

几乎所有在俄罗斯受欢迎的杂志都花了大量的精力在移动客户端的开发工作上，致力于为读者提供一种新型的、方便的、快捷的阅读方式。而且，客户如果通过手机客户端购买电子杂志，价格要比购买纸质杂志低很多。比如，俄罗斯最大的本土杂志《七日》（*7 Day*）通过手机客户端购买电子杂志，每期只需要 33 卢布，而在书报亭购买纸质杂志则需要 150 卢布。

有些俄罗斯杂志彻底放弃或者正在考虑放弃纸质平台，专心经营杂志的电子版本。不过，这些纯粹的电子杂志或者放弃了纸质平台的杂志社并没有得到期待中的发展。不少杂志社在放弃纸质平台之后，广告收入都大幅缩水，因而不得不缩小编辑部规模，有的甚至被市场淘汰。究其原因，俄罗斯联邦出版与大众传媒署调查发现，俄罗斯杂志的读者多为高学历、高收入群体。俄罗斯杂志读者群中，接受过高等教育的读者占总读者量的60%，月收入高于25000卢布的读者占读者总量的67%，而有定期购买纸质杂志习惯的读者占读者总量的76%。也就是说，大部分杂志读者还是暂时倾向于传统阅读习惯。

目前，读者数量和发行量排名前十的俄罗斯杂志都保留了自己的纸质杂志平台。一些时尚类、生活类、汽车类杂志的发行量还有所上升。

值得一提的是，俄罗斯的分辑读物市场呈现出明显萎缩趋势。从2011年起，俄罗斯的分辑读物销量持续缩水，从2010年的7672万册下降到2013年的4568万册。

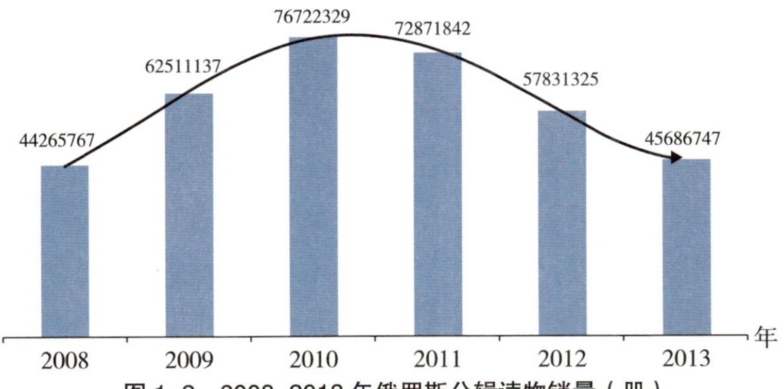

图1-2 2008~2013年俄罗斯分辑读物销量（册）

数据来源：DeAgostini公司、GeFabbri Editions公司。

三、报纸杂志市场面临的挑战

电子信息技术的发展和新媒体的普及在很大程度上改变了现代人的阅读习惯，从而对报纸杂志等传统平面媒体带来了巨大的冲击。对于俄罗斯的报纸杂志来说，面临的挑战也非常之多。

首当其冲的就是市场整体规模下滑、盈利模式发生改变。虽然从 2010 年起俄罗斯平面媒体市场开始缓慢地走出全球经济危机的阴影，不过至今仍然没有达到危机前水平。2013 年，平面媒体市场规模甚至出现了缩水。2013 年，俄罗斯平面媒体市场总值为 1125 亿卢布，同比下降了 4.2%。此外，过去俄罗斯平面媒体通常的盈利模式是——1/3 来自订阅零售，2/3 来自广告收入，但是现在，零售和订阅的营收已经超过了广告收入。之所以出现这样的改变，广告收入下滑是重要原因。

如今，越来越多的广告商更青睐于传播更便捷的新媒体平台。俄罗斯多家报纸、杂志的广告收入统计显示，在纸质平台广告收益下降的同时，新媒体平台的广告收入出现增长，新媒体平台的广告收入在平面媒体整体广告收益中所占比重越来越大。不过，即便各大纸质媒体的新媒体平台广告收入在增加，这部分增量并不能完全填补纸质平台广告收入下降的窟窿。除了少数媒体的广告总收入在增长以外，绝大多数纸质媒体的广告收入都在持续下降。

为了扭转这一局面，很多纸质媒体都选择了多媒体转型，而这也直接造成了运营成本的提升。新媒体平台的架设和运营都需要投入相当的人力和物力。有的媒体甚至为新媒体平台组建了规模庞大的采编运营团队。这种转型带来的影响也是多方面的。有的媒体借助新媒体平台，实现了多媒体化，扩大了影响，增加了盈利渠道，实现了转型发展；但也有的媒体受困于多平台发展，无法做到新媒体平台与纸质平台的均衡发展，造成资源浪费、采编流程混乱，有的媒体网站或手机客户端更新频率过慢，导致用户流失、顾此失彼。此外，俄罗斯纸质媒体在与受众互动方面远远落后于互联网媒体，不少俄罗斯纸质媒体为了提高零售和订阅收益，甚至不顾读者利益大幅提价，这直接导致了纸质媒体用户尤其是年轻读者的流失。

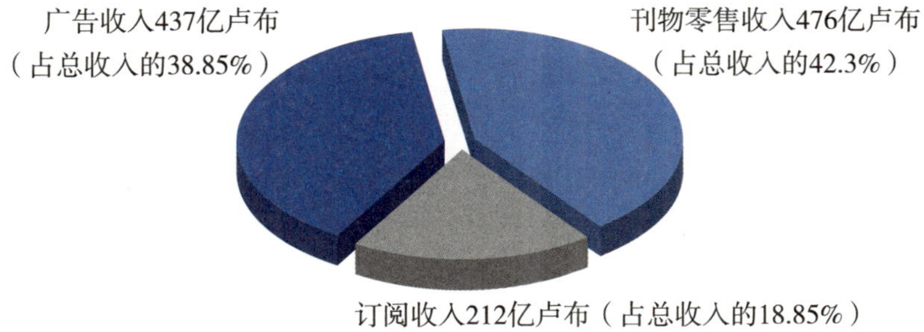

图 1–3　2013 年俄罗斯报纸杂志市场基本财务数据

数据来源：俄罗斯联邦出版与大众传媒署，俄罗斯通信机构协会，俄罗斯印刷品分销商协会，俄罗斯期刊出版商协会。

第三节　广播电视

俄罗斯的广播电视产业拥有悠久的发展历史。早在 20 世纪 20 年代末，苏联就开始创办官方电台——“俄罗斯之声”广播电台。20 世纪 30 年代末，苏联又出现了第一家电视台——列宁格勒电视台（现圣彼得堡“第五频道”电视台）。

经过数十年的发展，如今，俄罗斯的广播电视产业非常活跃。据俄罗斯联邦通信、信息技术与大众传媒监督局的最新统计，目前，俄罗斯国内合法注册的广播频道共有 2816 个，电视频道 2468 个。此外，还有超过 10000 家广播、电视、影视、动画等节目的制作商，这些制作商并没有独立的传播平台，他们主要制作相应的节目，出售给拥有传播平台的广播电台、电视台使用。

一、广播产业概况

（一）俄罗斯广播产业发展近况

随着时代和技术的发展，俄罗斯的媒体市场正在发生着结构性的变化。在大部分国家，广播媒体的生存环境越来越恶劣，在媒体市场上的地位正在不断下滑。不过，在俄罗斯则有所不同。近年来，俄罗斯的广播产业仍然保持了稳定发展的态势，并没有出现明显的下滑。

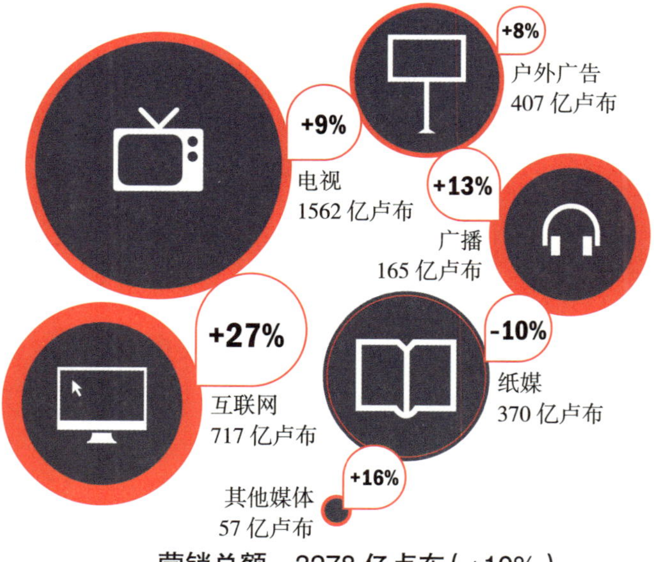

图 1–4　2013 年俄罗斯传媒市场营销规模示意

注：百分比为 2013 年较 2012 年的增减比例。
数据来源：俄罗斯联邦出版与大众传媒署。

从广播媒体的数量上看，在俄罗斯合法注册的广播电台数量从 2010 年的 2250 家增长到了 2013 年的 2816 家。除了电台数量增长以外，近年来俄罗斯广播的营业收入也不断增长。2013 年，俄罗斯广播媒体广告收入总量达到了 165 亿卢布，同比增长了 13%。这一增长速度甚至高于电视媒体。

从广播广告类型上来看，零售类、汽车类、医药类和娱乐类广告是俄罗斯电台播放最多的。据俄罗斯市场调研公司“TNS” 2013 年所做调查，这四类广告占电台广告投放总量的 70% 以上。而广播广告投放量最多的 15 个企业当中，汽车企业占据了半壁江山。

图 1–5 2013 年俄罗斯广播广告投放量最大的厂商

数据来源：俄罗斯市场调研公司“TNS”。

据俄罗斯通信机构协会的分析，俄罗斯广播媒体广告收入不断增加的原因，一方面，不少城市的经济发展水平与广播发展程度相匹配，另一方面，俄罗斯幅员辽阔，跨越 11 个时区，因此，对于广告投放企业来说，投放在广播尤其是全国性广播里的广告就会在一天里经历多个黄金时段。比如，俄罗斯莫斯科时间 16

点播出的广告，虽然对莫斯科地区来说不是黄金时段，但是对于比莫斯科早两个小时的地区来说正好是黄金时段，两个小时后以后广告再次播出的时候，又正好是莫斯科地区的黄金时段。正因为如此，很多企业对于这种“多黄金时段”的广播广告非常看好，也愿意投入更多的资金。

当然，随着技术的不断发展，俄罗斯的电台也逐渐开始向多媒体平台发展。目前，已经有 40 家俄罗斯电台进入俄罗斯的有线电视网络，通过电视播放广播节目。此外，网络电台在俄罗斯也越来越普及。据俄罗斯公司“Synovate Comcon”2013 年进行的调查结果，目前 24.4% 的俄罗斯人有每天收听广播的习惯，不过，通过互联网收听广播节目的人数正在不断增加，尤其是在经济发达的大城市，通过互联网收听广播节目的人数已经超过了听收音机的人数。也正因为如此，几乎所有的大型电台都在通过互联网和移动客户端向听众推送各类广播节目。一些大型电台的网站月收听量都能达到数十万次。在 Facebook、Twitter 等主要社交媒体网站上，俄罗斯大型电台的关注度也都在百万量级。

与普通广播媒体稳定发展有所不同的是，俄罗斯的大功率广播正在快速萎缩。此前相当长一段时间，俄罗斯的三大国有广播电台——俄罗斯广播电台、“灯塔”广播电台和“俄罗斯之声”广播电台，都通过短、中、长三种波段，将广播信号覆盖了俄罗斯全境以及实现向全球广播。不过 2013 年年初，俄罗斯国家广电网停止了俄罗斯国内影响力最大的国营电台“灯塔”电台在全俄罗斯范围内的中波和长波广播信号。俄罗斯唯一一家对外广播电台“俄罗斯之声”电台也于 2013 年年中因为资金不足而停止了短波广播。“俄罗斯之声”电台现已被撤销，并入了新成立的“今日俄罗斯”国际新闻通讯社。

值得一提的是，俄罗斯大功率广播的萎缩除了媒体市场自身的调整以外，在一定程度上还与俄罗斯的国家战略有一定关系。2012 年，俄罗斯政府出台的广电产业三年发展计划，其中将以前一直被列为国家战略的“广播信号要覆盖全部俄罗斯居民”的内容删除。这一改动直接带来的结果是，原本准备增加俄罗斯几家国营广播电台发射功率的几个大型项目被取消，相关预算也被撤销，而这几个项目原本的总投资额为 137 亿卢布。

在俄罗斯媒体市场上，有关“俄罗斯大功率广播电台是否会走向消亡”的讨论也越来越热烈。俄罗斯媒体业界普遍认为，从短期和中期来看，还难以找到替代大功率电台在大范围地域内进行广播的方式。在俄罗斯中东部的西伯利亚、远东地区和北部的北极地区，地广人稀，只有大功率电台才能将广播信号送至这些偏远地区。而国营电台纷纷停止短波、中波和长波广播，已经让很多偏远地区听众无法收听到这些电台的节目，“俄罗斯之声”电台短波广播的停播更是让其海外传播受到了致命打击。这一系列影响在俄罗斯也引发了一些争论。在经过反复论证之后，俄罗斯政府决定只保留俄罗斯广播电台的信号覆盖全国各地。

（二）俄罗斯主要广播媒体

俄罗斯的大型广播电台如今很少以独立媒体的形式存在，大多都成为俄罗斯大型传媒集团的组成部分。比如，俄罗斯三大国有广播电台中的俄罗斯广播电台和“灯塔”广播电台都归全俄国家电视广播公司（以下简称“全俄广电”）所有。影响力较大的“莫斯科回声”电台属于俄罗斯天然气工业股份有限公司旗下的媒体集团“Gazprom-Media”。而在俄罗斯很受欢迎的交通广播电台则属于俄罗斯广播集团“Prof-Media”。这些大型传媒集团旗下都拥有广播、电视、报刊、网络等多种形态的媒体品牌。

在数千家电台当中，俄罗斯广播电台是全国规模最大的综合性电台之一，也是俄罗斯国内唯一一家信号覆盖了全境的电台。俄罗斯广播电台于 1990 年开播，每天 24 小时全天候播出。在节目构成上，新闻节目比重大，其他的节目涵盖了音乐、娱乐、文学、儿童、军队、农业、医学等领域和社会底层人群，多以严肃文化和社会关注焦点为主。

俄罗斯广播电台所隶属的全俄广电旗下还有四个电台，分别是“灯塔”电台、新闻电台、文化电台和青年电台。这几家电台定位有明显区别，节目类型各异。“灯塔”电台是俄罗斯历史最悠久的电台之一，主要以谈话类、娱乐类和音乐类节目为主；新闻电台则主播资讯，除了部分自采节目和评论类节目外，大部分新闻内容取自于全俄广电旗下的“俄罗斯 24 新闻”电视频道；文化电台则以文艺类节目为主；青年电台则主要以流行音乐节目为主。其中，青年电台是全俄广电近年来收购的另一家国有电台，也是目前全俄广电旗下唯一的一个网络电台，其节目只能通过互联网和移动终端收听。所有电台的总部都设在莫斯科。在全俄社会舆论研究中心发布的 2013 年俄罗斯电台排行中，俄罗斯广播电台、“灯塔”电台和新闻电台均位列前十。

“莫斯科回声”广播电台开播于 1990 年，是近 20 年在俄罗斯迅速崛起的商业电台。“莫斯科回声”电台从创办初期就定下了“对于重大新闻事件所有声音都应该被传播”的报道原则。在导致苏联最终解体的“8・19 事件”当中，“莫斯科回声”电台因反对国家紧急情况委员会而声名鹊起。此后 20 年，“莫斯科回声”电台一直坚持自己的立台原则，主要关注时政类的新闻事件，敢于播发一些批评政府的自由言论。虽然因此与俄罗斯当局曾发生过各种矛盾，甚至一度陷入被禁播的威胁中，但“莫斯科回声”

电台仍然受到广大听众的欢迎。据“莫斯科回声”电台自己的统计，目前该电台在全国范围内的周听众人数约900万人，甚至高于俄罗斯广播电台等俄罗斯国家电台。“莫斯科回声”电台从1997年开始设立网站，是俄罗斯最早开设网站的广播媒体之一，目前网站用户量大约为200万人。

成立于1929年的“俄罗斯之声”广播电台，曾经是俄罗斯最大的对外广播电台，也是俄罗斯历史最悠久的电台。鼎盛时期，“俄罗斯之声”曾制作70种语言的节目。其节目通过中波、短波、调频、卫星、手机、网络的方式覆盖160个国家和地区，拥有1亿多全球受众。根据2013年年底颁布的总统令，“俄罗斯之声”电台已并入“今日俄罗斯”国际新闻通讯社。目前，原“俄罗斯之声”电台的海外资源已经整合到“今日俄罗斯”通讯社新成立的媒体品牌“Sputnik”旗下。

其他在俄罗斯比较受欢迎的广播电台还包括交通广播电台“Авторадио”、幽默广播电台“Юмор”、经典音乐广播电台“Классик”等，它们为不同听众提供针对性较强的广播节目内容。

二、电视产业概况

（一）整体情况

俄罗斯的电视产业已经拥有近80年的发展历史。在科学技术快速发展的今天，电视仍然在俄罗斯媒体市场上占有主导地位，是俄罗斯媒体体系中最主要的媒体形态、广告载体和满足大众信息消费需求的最重要渠道。近年来，俄罗斯电视媒体的整体收入保持了增长趋势。2013年，俄罗斯各电视媒体收入平均增长9%，整体广告收入也增长了9%，达到1562亿卢布。

虽然最近几年来俄罗斯的电视产业并没有出现特别激进的变

革，但是随着数字化革命的不断深入，俄罗斯的电视产业仍然在悄然发生着各种变化。

无论是电视台还是电视观众，对于社会题材电视节目的关注度不断增加。比如，最近两年俄罗斯国内受关注度最高的电视节目是2013年俄罗斯远东洪灾的相关节目。这一年，一场数十年一遇的特大洪水袭击了俄罗斯远东地区，“俄罗斯第一频道”组织的一场为受灾人民募捐的大型晚会成为近两年来俄罗斯收视率最高的电视节目。此外，全俄广电策划的电视科普节目“历史”也受到了俄罗斯社会的高度关注。

在与欧美电视节目的竞争当中，俄罗斯本土策划制作的电视节目也越来越受到受众的欢迎。最近两年，“俄罗斯第一频道”自主策划的音乐类综艺节目“旋律竞猜”，超越了“俄罗斯好声音”等欧美引进的娱乐节目，成为最受欢迎的文化娱乐类节目之一。此外，2013年电视播放的电影当中，收视率最高的十部影片里只有一部欧美影片，而俄罗斯国产影片占据了九席。而在电视剧收视率的前十名，全部是俄罗斯国产电视剧。

此外，随着受众收视习惯的变化，尤其是互联网技术的快速发展，俄罗斯各大电视媒体都在告别以前单一的传播渠道，朝着互联网化的方向转变。目前，几乎所有的俄罗斯电视台都在通过互联网、移动互联网等渠道进行传播，不断出现一些以互联网传播为主、传统传播为辅的新型电视企业，例如新闻电视台“LifeNews”等。各大电视台借助移动客户端、社交媒体来扩大影响力和传播效率也越来越普遍。此外，为了普及数字交互式电视，俄罗斯的数字电视网络铺设工作也在最近几年得到了全面的推进。目前，数字电视网络已经覆盖了俄罗斯超过90%的居民点，随着硬件设施的逐步到位，可以预见在未来几年内数字电视、交互式电视、IP 电视等信息时代的最新电视产品将会在俄罗斯得到快速普及。

（二）俄罗斯主要电视媒体

1.“俄罗斯第一频道”电视台（Первый Канал, CIR）

“俄罗斯第一频道”电视台是俄罗斯历史最为悠久的电视台之一，其运营时间仅次于现圣彼得堡“第五频道”电视台。“俄罗斯第一频道”也是俄罗斯规模最大、影响力也最大的国有电视台。

“俄罗斯第一频道”的前身是苏联中央电视台，于 1951 年正式开播。苏联解体后，经过多次改制，逐渐发展成为现在的“俄罗斯第一频道”。目前，“俄罗斯第一频道”51% 的股权属于国有机构，其中最大股东为俄罗斯国家资产管理署（控股 38.9%），另外 49% 的股权由俄罗斯最大的私人媒体集团“国家媒体集团”和富豪阿布拉莫维奇持有。

“俄罗斯第一频道”在俄罗斯的普通人群覆盖率达到了 98.8%，稳定观众人群超过 2000 万人，长期保持俄罗斯电视市场收视冠军地位。考虑到受众的广泛性，“俄罗斯第一频道”的节目设置大众化特点明显，以娱乐节目、纪录片、新闻节目、大众电影、流行音乐以及独家体育赛事转播等节目为主。正是由于规模和影响力在俄罗斯都首屈一指，“俄罗斯第一频道”一直是电视广告客户最青睐的平台。最近几年，“俄罗斯第一频道”占有的电视广告市场份额一直保持在 20% 以上。

1995 年，“俄罗斯第一频道”开始在境外播出，目前共有 4 套国际版节目专门针对独联体、波罗的海、欧洲、亚洲、北美、大洋洲、非洲等地的观众。据“俄罗斯第一频道”最新公开的数据，其全球观众数量已经达到 2.5 亿人，成为观众规模最大、最有影响力的俄文电视媒体。“俄罗斯第一频道”国际版节目主要以介绍俄罗斯国内新闻以及从俄罗斯的视角报道国际新闻等内容为主，旅居海外的俄罗斯公民以及以俄语为母语的人群是“俄罗斯第一频道”国际版节目的主要收视群体。

最近几年，“俄罗斯第一频道”加大了对数字频道和高清电视的投入力度。目前，开设了“家庭影院”、“音乐频道”、“家庭咖啡厅”等多个数字付费电视频道，同时，开始在全国范围内推广高清电视，向观众们提供 16∶9、14∶9 两种屏幕比例的高清电视信号。

最近几年,“俄罗斯第一频道”的收入保持了稳定增长的态势。2011 年和 2012 年，“俄罗斯第一频道”的年度收入分别达到 289 亿卢布和 291 亿卢布，2013 年再度增长 1.6%、达到 295 亿卢布。

不过，相对于稳定增长的营收，“俄罗斯第一频道”的净利润近两年出现了较大的波动。2011 年，“俄罗斯第一频道”的净利润达到了 27 亿卢布；2012 年，净利润大幅缩水约 90%，只有 2.87 亿卢布；2013 年，“俄罗斯第一频道”甚至出现亏损，亏损额达到 10 亿卢布。之所以出现利润大幅下滑的局面，在很大程度上是因为“俄罗斯第一频道”从 2011 年起加大了对节目内容和渠道的投资。除了投入巨资鼓励原创节目的制作以外，“俄罗斯第一频道”还耗费大量资金购买了国内外大型体育赛事的独家直播权，在 2014 年索契冬奥会的报道上“俄罗斯第一频道”也是屡屡使出大手笔。此外，“俄罗斯第一频道”投入在数字频道和高清电视推广上的资金连年增长。不过，正是[illegible]这些大手笔的投入，“俄罗斯第一频道”从 2013 年起止住了 20[illegible]全球金融危机以来各项重要指标不断下滑的趋势，特别是 201[illegible]“俄罗斯第一频道”从“独立电视台”手中又抢回了俄罗斯电视[illegible]

收视份额排行榜的头把交椅。

不过，依靠巨额投资止住下滑势头并不能够让“俄罗斯第一频道”感到多么轻松。面对众多电视行业的后起之秀，特别是借助互联网发展起来的新兴视频媒体，“俄罗斯第一频道”要想保持自己行业老大的地位还面临诸多挑战。

2. 全俄国家电视广播公司（VGTRK）

全俄国家电视广播公司（以下简称“全俄广电”）成立于1991年，是俄罗斯国有的广电机构，也是俄罗斯规模最大的媒体集团之一。经过20多年的发展，全俄广电从最初的1个广播频道和1个电视频道发展成为目前拥有30个电视频道、5个广播电台、10个互联网频道的媒体集团。全俄广电也是俄罗斯政府近年来重点扶持的三大国有媒体[①]之一。

全俄广电旗下的30个电视频道中，“俄罗斯电视一台”“俄罗斯电视二台”“俄罗斯文化频道”“俄罗斯24新闻频道”是免费电视频道，面向全国观众播出相应电视节目。其他电视频道则作为付费频道进行运营。

其中，“俄罗斯电视一台”是俄罗斯最大的公共电视机构，在俄罗斯电视界的领先地位无可非议。目前，98.5%的俄罗斯人和5000万独联体以及波罗的海地区的观众都能收看该频道。“PTP星球频道”是“俄罗斯电视一台”的国际版频道，主要面向旅居海外的俄罗斯人编播节目，目前在欧洲、中东、北非、北美、亚洲大部分国家（包括中国）都已实现落地。2006年开播的“俄罗斯24新闻频道”，是俄罗斯唯一一个全天候播发资讯类节目的电视频道。自开播以来，该频道已经成为俄罗斯国内最权威、最有

① 另外两个媒体分别为《俄罗斯报》和“今日俄罗斯”电视台。

影响力的新闻频道。

“俄罗斯文化频道”创建于1997年，前身为彼得堡电视台，是全俄广电旗下唯一一个不进行商业广告开发的电视频道。该台以传播优秀文化为宗旨，每天播放17小时的经典电影、歌剧、芭蕾、音乐会等各类文艺节目，在俄罗斯文艺圈和高端人群中享有较高地位。

全俄广电还在俄罗斯89个联邦主体开设有地方性电视公司，其中地方台是在苏联解体后根据政府要求并入全俄广电的。地方分台主要负责采集编播各自地区的新闻类节目在分台播出，所采集的新闻素材同时也供全俄广电旗下的全国性电视台使用。其关系类似于中国的地方台与中央台之间的关系。

除了电视频道以外，目前，全俄广电旗下还运营有5家电台、1个企业官网、2个视频网站、2个资讯网站、1个体育网站、1个电影网站、1个电视游戏网站、1个旅游网站和1个儿童网站。

全俄广电的运营有以下几个特点：

受政府重点扶持。全俄广电除了可以进行商业广告开发以外，还能够从国家预算中获取大量的资金支持。2013年，全俄广电从俄罗斯政府财政获取的资金接近200亿卢布。2014年，全俄广电的财政拨款数额虽有下降，但也达到了175亿卢布。而2013年同期，俄罗斯国家通讯社“俄罗斯新闻社”的财政拨款仅有30亿卢布。此外，在重大时政类新闻报道权限上，全俄广电得到了俄罗斯政府的支持和认可。全俄广电领导层可由俄罗斯总统直接任免，与俄罗斯总统办公厅、俄罗斯政府联系密切。俄罗斯总统每年12月31日晚的新年贺词也是通过全俄广电旗下的电视频道对外发布。全俄广电的时政新闻在独家性、权威性上远超其他俄罗斯电视台。

财政稳定、收入领先。全俄广电充分发挥了自身的平台优势，通过专业的、出色的市场营销，最近几年一直保持着稳定的财政状况。2011 年和 2012 年，全俄广电营业收入分别达到 296 亿卢布和 311 亿卢布，2013 年，全俄广电的营业收入为 312 亿卢布，实现净利润 2.93 亿卢布。同时，全俄广电在俄罗斯电视市场的广告份额和收视份额仍然居高不下。2012~2013 年，全俄广电在俄罗斯电视市场的广告份额达到了 13.29%，而收视份额则达到了 13.4%。虽然相较于前一年度这两项数据均有小幅下滑，但仍然仅次于“俄罗斯第一频道”电视台，在全部俄罗斯电视媒体当中排名第二。

人才队伍素质出众。全俄广电旗下各媒体均拥有一批长期在新闻一线工作的高素质记者、编辑、摄像和技术人员。自 1995 年俄罗斯开设全国性新闻奖以来，全俄广电旗下各大媒体均能有所斩获。其中“俄罗斯 24 新闻频道”更是连续多年被“俄罗斯电视主持人大奖”组委会评为俄罗斯最佳本土电视频道。

广电媒体间合作频繁。全俄广电旗下各电视频道与电台在内容上分工明确，交集较少，不存在竞争关系，因此不仅仅是各电视频道间在节目素材上的交换与共享非常频繁，电视与电台平台合作的资源共享也比较顺畅。“俄罗斯 24 新闻频道”与新闻电台的新闻素材库已经实现共享，新闻电台除了少数自采和谈话类节目以外，其他的大部分节目均取自电视频道的素材，这两个台的一线记者经常共享资源，基本实现了“一加一大于二”的理想状态。文化电视频道和文化电台之间也存在类似的合作关系。

积极开展国际合作。全俄广电成立后不久便加入了欧洲广播协会，成为其正式会员。同时，全俄广电在全球 20 多个国家和地区设有记者站或代表处，在完成新闻采编的同时希望进一步扩大国际合作和业务拓展深度。

按照全俄广电 2014 年公布的中期发展规划，未来几年内全俄广电除了进一步完善现有媒体平台的运营机制，进一步激发市场活力以外，将加快传统媒体转型步伐，尤其是加快数字电视网络在俄罗斯全国范围的铺设进度，加大 IP 电视的推广力度。随着硬件设施的逐步到位，全俄广电计划新开设多个数字电视频道和数字广播频道，满足受众更加多样化和个性化的媒体产品消费需求。

3. 独立电视台（NTV）

独立电视台是俄罗斯电视“三巨头”当中最特殊的一家。首先，与其他两家电视台不同，独立电视台不是国营电视台，而是私营电视台；其次，独立电视台是俄罗斯三大电视台当中最年轻的电视台；再次，独立电视台曾经是由俄罗斯著名的媒体寡头古辛斯基投资创办的，而古辛斯基在普京就任俄罗斯总统后被迫流亡。

1993 年，在俄罗斯国家电视台工作的两名小有名气的电视记者基谢廖夫[①]和多布罗杰耶夫决定自创一个电视栏目。基谢廖夫和多布罗杰耶夫认为，当时俄罗斯的电视台在报道中都过于偏向总统叶利钦，不敢报道负面新闻，这有失新闻报道公正客观的基本原则。他们准备创办一个不同于他人的电视栏目，对当时俄罗斯社会正在发生的巨变做出客观公正的报道和评论。基谢廖夫在朋友的帮助下，找到了当时的报业大亨古辛斯基，希望得到古辛斯基的投资。在了解了基谢廖夫的设想之后，古辛斯基不但对这一栏目十分感兴趣，甚至建议基谢廖夫不仅要创办栏目，还要创

① 此人与“今日俄罗斯”通讯社现任总裁同姓，但非同一人。

办电视台。终于，在古辛斯基的资金支持下，俄罗斯第一家私营电视台——独立电视台于 1993 年正式注册并开播。

正是由于电视台最初就定位为敢于表达不同于政府的观点、敢于报道负面新闻，因此，几位创办者给电视台取名为“独立电视台”。虽然独立电视台从一开始就被一些亲政府人士贴上了“反对派电视台”的标签，但是正是由于电视台的报道理念不同于其他电视媒体，独立电视台很快就得到了观众们的青睐，逐步发展成为俄罗斯国内规模最大、收视率最高的电视台之一。

2000 年普京就任俄罗斯总统以后，独立电视台与俄罗斯当局的关系降到了最低点。在车臣战争期间，独立电视台更是公开举起了反普京的旗帜。当时，俄罗斯政府的官员们对于独立电视台提出的采访要求基本都予以拒绝。独立电视台的创办者古辛斯基与普京之间的矛盾更是尖锐。据报道，古辛斯基曾经放出过“没有独立电视台的支持，普京在总统的位置上坐不安稳”这样的狠话。

古辛斯基与普京之间的这场“战争”最终以普京大获全胜而告终。古辛斯基逃离俄罗斯的结局也直接影响了独立电视台的发展。独立电视台的股东们纷纷抛售股份，大量原有工作人员离职。最终，独立电视台的掌控权落到了俄罗斯天然气工业股份有限公司旗下媒体集团和几家俄罗斯银行、私人机构手中。从 2001 年年底开始，独立电视台进行全面改版，在人员构成、节目设置、报道选题等方面与此前相比都发生了巨大变化。虽然仍然保留了一些观点独立、评论大胆、观众关注度高的栏目，但是时政类话题明显少了很多，反政府的声音也小了很多。

依靠长期积累的品牌口碑，以及作为私营电视台更加灵活的商业运作，尤其是独立电视台乐于引进或者学习欧美成功的娱乐类栏目，花巨资购买关注度高的体育比赛转播权等，改版后的独立电视台并没有一蹶不振，反而继续保持在俄罗斯三大电视台的行列当中，其商业运营甚至比另外两家国营电视台更加成功。

2013年，独立电视台营业收入为231亿卢布，同比增长4.6%。净利润则增长9.7%，达到49亿卢布。而“俄罗斯第一频道”电视台和全俄广电同期的净利润仅仅分别为2.87亿卢布和2.93亿卢布。2012年，独立电视台还首次超越全俄广电和“俄罗斯第一频道”，以14.7%的收视份额成为俄罗斯国内收视份额最高的电视台。虽然2013年独立电视台被全俄广电和“俄罗斯第一频道”再次超越，但它作为一家私营电视台能够保持对两大国营电视台的强大抗衡力已经相当不易。

如今，独立电视台不仅在俄罗斯国内播出，还在独联体国家、波罗的海地区播出，并拥有较高的收视份额。独立电视台还是俄罗斯国内规模较大的媒体集团，旗下除了全国范围内可以免费收看的电视频道以外，还有国际电视频道、国内收费电视频道、数字电视频道、“莫斯科回声”广播电台。

其中，独立电视台国际频道已在全球多个国家落地，包括德国、英国、美国、加拿大、以色列等，用俄语播出。国内有线付费电视频道“独立电视台+”则主要向俄罗斯全国电视观众播放电影、体育、音乐类节目。中国中央电视台俄语频道的节目便是在这一平台上播出。

近年来，独立电视台加大了在新媒体平台和社交媒体平台的推广力度，目前已覆盖所有主要的移动平台，影响力巨大。

（三）电视受众概况

随着社会多元化发展以及技术的不断进步，俄罗斯电视观众群体也在发生着结构性的变化。从俄罗斯联邦出版与大众传媒署

2014年发布的调查报告可以看出，最近十年来，俄罗斯电视受众群体主要体现出以下几个特点：

◆ 各年龄段电视观众的收视习惯发生了显著变化：俄罗斯电视观众的平均收看时间大约为每天4个小时，其中年轻电视观众的收看时间大幅下降到每天8分钟！

◆ 俄罗斯电视观众性别失衡严重：目前俄罗斯的电视观众大多为女性，而且以年长的女性居多。

◆ 俄罗斯电视受众分化越来越明显：俄罗斯电视市场上的三巨头——“俄罗斯第一频道”、“俄罗斯电视一台”、独立电视台受众数量开始下滑，付费电视频道观众数量不断增加。

◆ 俄罗斯的电视观众仍然更加喜欢观看电视剧和娱乐类节目。

目前，俄罗斯家庭总共拥有8600万台电视机，平均每户城市家庭拥有1.6台电视、每户农村家庭拥有1.3台电视。俄罗斯电视产业研究机构“视频国际”（Video International）预计，未来一段时间内这几个数据不会再继续增长，传统电视机将逐渐被智能电视和多功能视频设备所取代。不过，“视频国际”同时也指出，俄罗斯家庭更换新型电视的速度相对于电视技术的革新速度要慢一些，每年只有10%的城市家庭愿意购买新型的智能电视来替换已有的传统电视，而实际购买的家庭数量会低于这一指标。截至2014年年初，俄罗斯全国范围内仍然有56%的城市家庭在使用老式的CRT电视，即便在科技最发达的莫斯科地区，也仍然有28%的家庭还在使用CRT电视。此外，智能电视在俄罗斯的普及速度也稍显缓慢。2012年只有5%的俄罗斯家庭在使用智能电视，而到了2013年这一指标上升到8%。而且，一半以上的家庭并没有将智能电视与互联网相连，只是把智能电视当作传统电视来使用。

总体来说，俄罗斯人爱看电视这个习惯没有发生太大的改变。据俄罗斯市场调研公司“TNS”的调查数据，俄罗斯人看电视的平均时间在最近几年持续增长：2009 年俄罗斯每户家庭每天观看电视的时间为 3 小时 47 分钟，2012 年增加到 3 小时 57 分钟，2013 年达到 3 小时 58 分钟，电视开机率则达到了惊人的 99%。72% 的俄罗斯人会每天看电视，93% 的人每周至少要看一次电视。

表 1–4 俄罗斯居民收看电视平均时长

2009 年	2012 年	2013 年
3 小时 47 分钟	3 小时 57 分钟	3 小时 58 分钟

数据来源：俄罗斯市场调研公司“TNS”。

需要指出的是，虽然总体上俄罗斯人观看电视的时间越来越长，但是年轻电视观众的观看习惯正在发生明显的变化。从统计数据就能看出，俄罗斯 4~24 岁的电视观众每天观看电视的时间从 2003 年的每天 2 小时 50 分钟减少到 2013 年的 2 小时 6 分钟，而 25~34 岁的电视观众每天观看电视的时间从 2003 年的 3 小时 26 分钟减少到了 2 小时 58 分钟。收视人群的年龄结构也发生着明显变化。35 岁以上电视观众所占比例从 2003 年的 62% 增加到了 2013 年的 73%，24 岁以下电视观众所占比例从 23% 下降到 13%。

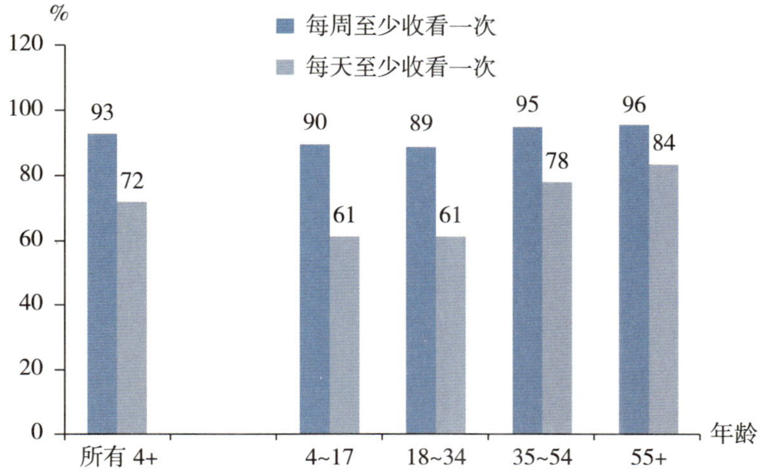

图 1-6　2013 年俄罗斯普通居民收看电视频率

数据来源：俄罗斯联邦出版与大众传媒署。

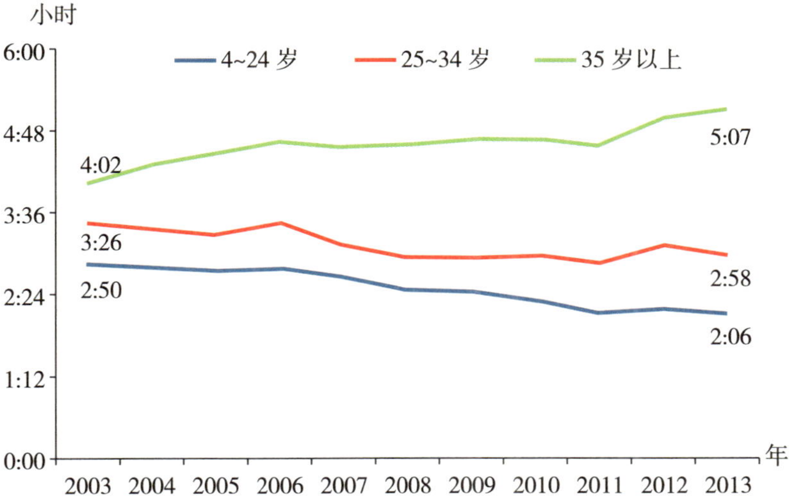

图 1-7　2003~2013 年俄罗斯不同年龄段居民平均观看电视时长（小时）

数据来源：俄罗斯市场调研公司“TNS”。

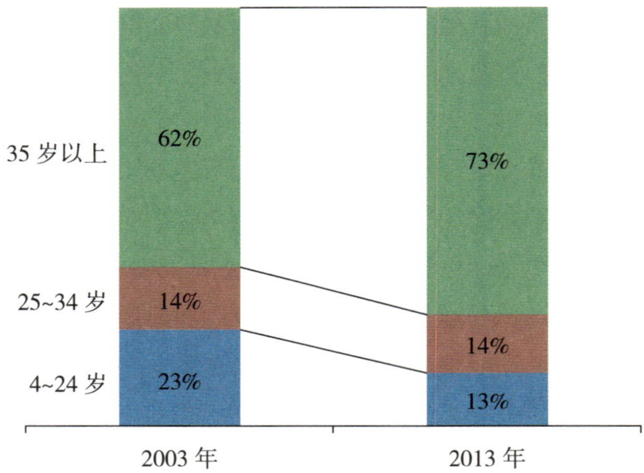

图 1-8　2003~2013 年俄罗斯电视观众年龄结构对比

数据来源：俄罗斯市场调研公司“TNS”。

此外，虽然目前新型电视的接受度在俄罗斯还不算太高，但交互式网络电视（IPTV）的普及度正在不断提高。根据俄罗斯联邦出版与大众传媒署的统计，2013 年，俄罗斯 IPTV 的用户增长了 25%，达到 340 万户，其中大部分是年轻家庭。不过，相对于俄罗斯庞大的电视观众群体，这部分观众的数量还是偏小，尤其是通过互联网收看各类电视节目的观众并不多，在整个电视观众群体中只占 10% 左右。从目前来看，俄罗斯的网络电视还没有对传统电视构成太大的威胁，与传统电视的竞争主要还集中在争夺观众自由收视时间的层面，而非争夺观众数量。当然，从全球媒体发展的趋势来看，新兴网络电视媒体对传统电视媒体的挑战会越来越大，传统电视观众的流失也会越来越快，正因为如此，虽然主要的收视群体仍然坐在电视机前，但俄罗斯的各大电视媒体都不约而同地走上了网络化发展的道路，纷纷抢滩新媒体平台，为更加激烈的竞争做好充分的准备。

第四节 互联网媒体

俄罗斯的互联网已经有 20 多年的发展历史，在这个进程中，互联网无论在普及程度还是在功能应用方面都得到了迅猛的发展。

截至 2014 年年初，在俄罗斯境内合法注册的网站数量约为 587 万个，比 2009 年翻了一番。其中以国际域名“.ru”注册的网站高达 493 万多个。整个互联网产业的产值在 2013 年已经达到 7093 亿卢布。最近十年来，俄罗斯的互联网用户数量一直保持高速增长态势，年增长率都保持在 10% 左右，甚至更高。根据全俄舆论研究中心最新的调查，截至 2014 年 10 月，俄罗斯互联网用户总量已经达到 8600 万人左右，占俄罗斯总人口数量的 59%。其中 18 岁以上的成年用户大约为 7600 万人，每天都会登录互联网的用户数量大约为 5360 万人。

此外，目前，俄罗斯的宽带网络普及度已经达到了 50% 以上，而移动网络的用户数量近两年呈现出爆发式增长，2014 年年初已超过 2500 万人。互联网的功能应用也越来越丰富，已经渗透到俄罗斯人生活中的各个角落。不过，在众多互联网功能当中，获取信息仍然是俄罗斯人使用互联网最重要的目的。

一、网络新闻媒体发展概况

互联网新闻媒体的出现为广大用户提供了一种全新的获取信息的渠道。随着互联网在俄罗斯越来越普及，俄罗斯人获取新闻信息的习惯也发生了显著的改变。

根据俄罗斯独立调查机构“列瓦达中心”近年来的调查结果，通过传统媒体渠道获取新闻信息的人数越来越少，而通过互联网获取信息的人显著增多。比如，通过广播了解新闻的用户比例从2009年的41%下降到了2013年的16%，通过电视了解新闻的用户比例从2009年的94%下降到了2013年的88%，与之相对的是，通过网络新闻媒体和网络社交媒体了解最新新闻的用户比例分别从2009年的9%和6%上升到了2013年的21%和14%。

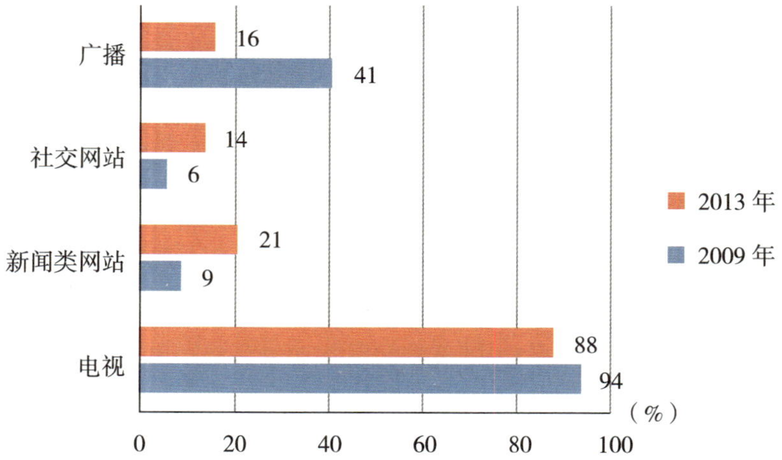

图1–9　俄罗斯民众获取新闻信息的渠道

数据来源：列瓦达社会舆论分析中心。

根据“列瓦达中心”的另一项调查，71%的被调查者表示，使用互联网的主要目的是获取所需要的各种信息。超过42%的被调查者使用互联网主要为了了解俄罗斯国内以及全球的重大新闻消息。俄罗斯最大的新闻搜索网站“Yandex”的搜索结果也显示，人们通过网络查询最多的是新闻、天气预报以及电视节目等信息。

这类人群主要以学生、受过高等教育的人群、各类机构企业的领导阶层为主。相关调查数据可以得出结论，互联网新闻媒体已经成为电视在俄罗斯媒体市场上最主要的竞争对手。

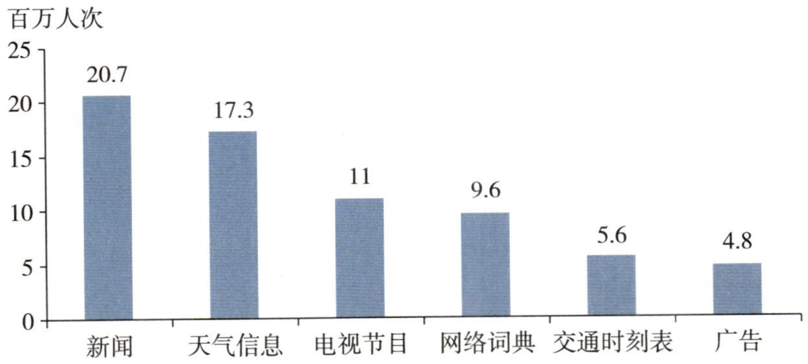

图 1–10　俄罗斯搜索网站 Yandex 每月搜索话题数据对比

数据来源：Yandex 网站。

（一）网络电视

随着互联网的普及以及媒体市场的发展，俄罗斯各大电视台都在积极发展网络电视，将自己的电视节目网络化、数字化。根据俄罗斯调研公司“Synovate Comcon”2013 年的一项调查结果，有 21.5% 的俄罗斯人会每天通过互联网观看电视节目。

不过在俄罗斯，互联网与电视的融合其实并不完全体现在电脑上，相反，这种融合更多地体现在智能电视上。由于智能电视较之于互联网连接上的便利性，再加上屏幕普遍大于电脑显示器，收视习惯偏向传统的俄罗斯观众更倾向于直接使用已经安装有相关软件的智能电视与互联网相连，而非在电脑自行安装各类视频插件。据调研公司“Gfk Rus”的最新分析数据，最近两年俄罗斯智能电视的销售量呈现出井喷式增长，连续两年的销售量增长超过100%。“Gfk Rus”公司预计，到2016年，在俄罗斯新型电视的出售总量中智能电视的销售量将占到50%~65%。

目前，为俄罗斯智能电视提供网络视频资源的主要站点包括“ivi.ru”、“rutube.ru”、“zoomby.ru”、“smotri.ru”等。根据“ivi.ru”网站提供的数据，2013年，该网站每月的收看次数达到125万~150万次，其中40%的用户选择在电脑上访问该网站收看电视节目，32%的用户选择使用智能电视收看电视节目，剩下的28%的用户则使用平板电脑和智能手机等移动客户端收看电视。

不过值得一提的是，俄罗斯网络电视的兴起并没有威胁到俄罗斯普通有线付费电视的发展。最近几年，俄罗斯各大有线付费电视运营商的用户量和市场总值都保持了持续稳定的增长。目前，传统的卫星电视和有线电视仍然占据了市场的绝大部分份额，截至2013年年底，网络电视受困于俄罗斯网络硬件设施还相对落后，其市场份额只有9%。

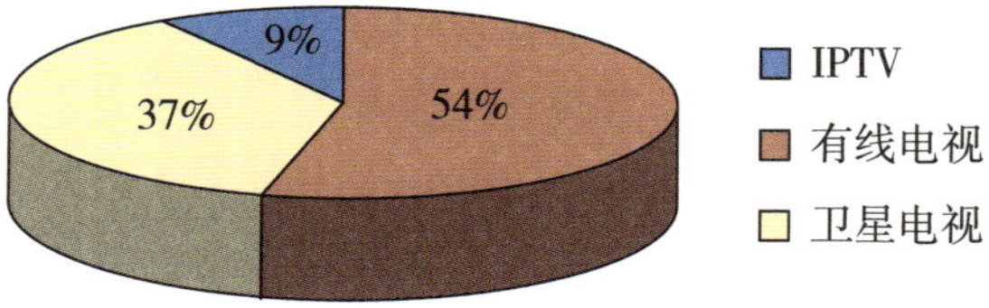

图1-11　2013年俄罗斯付费电视市场用户结构

数据来源：iKS-Consultion, HIS.

当然，网络电视在俄罗斯崛起的势头还是非常明显。除了为用户们提供各大电视台的直播信号以外，各种网络视频资源也可以通过网络电视观看。和有线电视、卫星电视有所不同，俄罗斯的网络电视会给用户提供一定量的免费视频资源，在付费资源方面采取了灵活多变的付费方案。一般用户的月租费用大约为100~230卢布，而能够确保播出流畅的高速用户每月需缴纳的费用为699~1220卢布。用户可以根据自身的需求，购买相应的视频资源观看权限。从单个电视终端的收益率来看，网络电视终端的收益也远高于卫星电视和有线电视。从最近两年的统计数据来看，传统卫星电视和有线电视的单个终端收益保持了稳定，而网络电视单个终端收益却是在持续增长：2013年单个终端每月平均收益为197卢布，有线电视为145卢布，卫星电视为102卢布。而与网络电视平台签约的各大电视台和视频资源平台也可以从网络平台上获取一定的经济收益。

据俄罗斯联邦出版与大众传媒署最新的互联网产业报告，2013年，俄罗斯网络电视用户的数量在全球排名第五，落后于美国、中国、巴西和印度，占全球付费电视市场的份额为4%，未来有望进一步提高。

此外，互联网视频服务（OTT）市场最近两年在俄罗斯也得到迅速发展。据俄罗斯市场调研公司“DirectINFO”的研究成果，从2011年开始，俄罗斯的互联网视频服务（OTT）市场发展势头迅猛，市场总值每年以100%的增长速度扩张，目前已经超过20亿卢布。到2016年，俄罗斯OTT市场总值有望达到148亿卢布。越来越多的俄罗斯网络电视媒体也开始借助这一新技术，拓展新的发展空间。

（二）网络媒体

根据俄罗斯《大众媒体法》，俄罗斯的网络媒体大致可以分为网络报刊、网络杂志和互联网通讯社。和中国有所不同的是，俄罗斯的网络媒体中，具有较大影响力的网络媒体绝大多数都是传统媒体的网络化形态，没有传统媒体形态的纯网络媒体，除了少数几家以外在俄罗斯影响力普遍较弱。

俄罗斯的网络报刊有200多家，其中大部分（约70%）是传统纸质报刊的互联网形态，也有小部分（约30%）没有纸质形态，只有网络形态的电子报刊。题材上，主要以综合性报刊为主，而经济类和体育类网络报刊也有较好的市场反应。在网络报刊中，《共青团真理报》、《俄罗斯报》、“报纸网”分别位列俄罗斯最大搜索引擎Yandex网络报刊转载指数榜前三位，这与纸质报纸影响力排名基本吻合。

与《共青团真理报》、《俄罗斯报》不同，“报纸网”（Gazeta.ru）是没有纸质形态的电子报纸。“报纸网”成立于1999年，目前与路透社、塔斯社、国际文传电讯社等大型新闻通讯社建立了合作关系，是一家综合性电子新闻报刊。除了刊发自主采写和各大通讯社的新闻以外，“报纸网”充分利用互联网优势，善于整合网络信息资源，在页面设计上充分考虑到读者的阅读习惯，能够让读者非常轻松舒适地了解某个新闻事件的背景、各方反应等全面的信息，因此得到了广泛的好评，收获了大量互联网用户。

俄罗斯网络杂志的数量比网络报纸要更多，目前有1200多家。和网络报刊相似，其中大部分（约64%）的网络杂志是纸质杂志的网络版。题材上则与网络报刊有所不同，经济类杂志和行业类杂志所占市场份额明显高于同类网络报刊。

相对于网络报刊和网络杂志，互联网通讯社是一个更加复杂的新型网络媒体。相关内容在此前的内容中已经有过介绍，这里就不再赘述。

总体来说，网络媒体在俄罗斯的市场前景越来越好，影响也越来越大。越来越多的人开始通过网络媒体来获取新闻信息。根据俄罗斯网络信息服务公司“Subscribe.ru”的统计，在对新闻感兴趣的人群中，有62%的人是通过网络媒体来获取信息的。而在未来一段时间内，这一指标很可能会持续上升。

表1-5　2013年原创内容被转载最多的十大俄罗斯网络媒体

排　名	网　站
1	链条网（Lenta.ru）
2	报纸网（Gazeta.ru）
3	“俄罗斯24新闻频道”官网（Vesti.ru）
4	Fontanka.ru
5	LifeNews.ru
6	新闻俄罗斯网（Newsru.com）
7	《消息报》官网（Izvestia.ru）
8	《俄罗斯报》官网（Rg.ru）
9	M24.ru
10	《生意人》报官网（Kommersant.ru）

数据来源：媒体分析公司“Medialogia”。

二、网络社交媒体发展概况

近年来，网络社交媒体在全球范围内快速发展，成为人们尤其是年轻人交换信息、情感交流的重要渠道。在俄罗斯，社交媒体的发展非常迅猛，用户数量也快速持续地增长。据俄罗斯出版与大众传媒署提供的数据，访问网络社交媒体是俄罗斯互联网用户访问互联网的第二大目的（第一大目的是获取信息）。“comScore”网站（www.comscoredatamine.com）提供的数据则显示，2014年年初，俄罗斯境内的网络社交媒体用户数量已达到5600

万人，占俄罗斯互联网用户总量的65%。

随着移动互联网的快速发展，网络社交媒体的访问渠道也发生了很大的变化。据俄罗斯通信与大众传媒部的统计，2014年年初，通过智能手机访问网络社交媒体的用户数量比2011年增长了120%，而通过平板电脑访问社交媒体的用户数量增长了230%。从社交媒体用户的人群分类来看，使用最多的人群是受过高等教育、生活在大中型城市的40岁以下的中青年人群。

当前，在俄罗斯最为流行的网络社交媒体主要有：“脸书”（Facebook）、“推特”（Twitter）、“接触网”（VKontakte，VK）等。其中，VK是俄罗斯自创的社交媒体平台。截至2014年年初，VK的注册用户数量达到2.3亿，排名全球第八，活跃用户数量达到5500万。在俄罗斯，越来越多的用户更倾向于使用VK来替代脸书和推特。目前，VK已经超越Facebook、Twitter，成为俄罗斯最大的社交网络。

如今，越来越多的俄罗斯知名企业开始纷纷登陆Facebook、Twitter、VK等社交媒体，推广自己的品牌与产品。有俄罗斯专家认为，现阶段任何商务活动离开了社交媒体就很难获得高效的收益，社交媒体已经发展成为人们生活的重要组成部分。不过，也有专家认为，俄罗斯的网络社交媒体市场已经几近饱和，未来的发展空间取决于对移动互联网的运用和功能性的拓展，但目前看来，这一空间有限。未来一段时间，俄罗斯人可能会慢慢开始放弃使用网络社交媒体，转向人与人之间的直接交流。

从国家政策层面来看，进一步规范和严格网络媒体尤其是社交媒体的管理是俄罗斯政府的重要政策方向。俄罗斯政府近三年连续颁布法律法规，对于网络谣言、暴力色情内容等传播的打击力度越来越大。同时，俄罗斯政府还严格限制外资在俄罗斯媒体行业尤其是网络媒体行业的参与度。2014 年 9 月，俄罗斯议会通过一份法律草案，将俄罗斯媒体机构的外资持股比例上限设定为 20%，以加强对新兴媒体的监管。

第二章
俄罗斯媒体市场的融合概况

苏联解体20多年以来，俄罗斯媒体市场经历了一条曲折的发展道路。经济状况的起伏，政治局势的动荡，受众喜好的变化，广告商的取舍，都直接影响到媒体市场的生存与发展。整个社会的转型给俄罗斯媒体行业带来了新的发展模式。在信息时代背景下，新兴传播技术和手段的诞生引发新型媒体组织的建立。经济实力薄弱的单一媒体的生存空间变得越来越小。各种媒体都努力尝试新技术、拓展发展空间，寻求资本支持，使自己在市场上立于不败之地。在这样的大背景下，媒体的一切要素——媒体功能、传播手段、所有权、组织结构等，逐渐结合、汇聚、融合。在俄罗斯，越来越多的媒体资源集中到了大型企业、控股公司以及集团旗下。这种大型媒体经济组织的发展在很大程度上决定了俄罗斯国内媒体产业的结构和媒体市场的发展趋势。

第一节　俄罗斯当代媒体市场的形成过程

俄罗斯当代媒体市场开始形成于20世纪90年代初对原有苏联政治经济体制进行彻底改革的时期。

1992年1月，新成立的俄罗斯联邦政府宣布采取彻底的经济改革措施，即后来我们所熟知的“休克疗法”。改革的核心内容包括放开对价格的调控、国有资产私有化、外贸自由化和缩减社会预算开支等。整个国家骤然从计划经济转变为市场经济，引发了巨额通货膨胀和高失业率，使得俄罗斯老百姓的生活在90年代的头几年陷入了极大的困境。对此，保守派经济学家批评以叶格尔·盖达尔为首的政府采取的改革措施过于轻率，有欠考虑。自由派的代表则认为恰恰是“休克疗法”挽救了国家，使之免于陷入崩盘和贫穷的境地。然而，苏联解体后，俄罗斯国家经济改革的必要性却是所有人都认可的。直到1999年、2000年的时候，俄罗斯向市场经济转型的正面效果终于逐步显现。

应当承认，现代俄罗斯的经济模式是建立在20世纪90年代初的极端改革基础之上的。一些批评家指出，俄罗斯的现代经济模式实际上更接近于“准市场经济”。直至今日，俄罗斯经济的稳定性在很大程度上仍旧依赖能源资源的出口，而高新科技主要来自外国进口。另外，腐败影响着国家整体现代化的进程。

实践证明，媒体经济的发展与国家经济的整体发展是呈正比的。国家市场水平越高，媒体市场的水平也随之提高。实际上，20世纪90年代初，俄罗斯的媒体已经开始成为国家经济的独立组成部分了。莫斯科大学新闻系教授谢苗·古列维奇在评价媒体商业化进程时指出：

> 俄罗斯媒体正在沿着西方经济发达国家的媒体早已走过的道路前进。俄罗斯媒体绝大部分转变为企业，按

照市场规则运行，以盈利为目标，保持经济的独立性。①

然而国家制度的剧烈转型也使得俄罗斯媒体经受了巨大的考验，“自由导致了饥饿”。② 身处自给自足环境中的俄罗斯媒体，被迫在变革中学习媒体经济的游戏规则，积累游戏经验。1992 年过后确定下来的自由资本主义规则非常不完善，“甚至表现得很荒谬”。③ 这些规则导致了在市场化改革初期俄罗斯媒体市场羸弱而失衡的特点。如果我们梳理一下俄罗斯当代媒体市场的发展进程，大致可以分为三个时期。

一、第一个时期（1992~1998 年）

这个时期无疑是最艰难的。最大的问题在于，俄罗斯国内已经开始展开竞争的大多数媒体还无法实现自负盈亏。广告行业的落后是俄罗斯现代媒体产业在其初级发展阶段遇到的最大困难。这主要是国民经济的持续危机以及国内的商品、有偿公共服务质量低下所致。尽管这一时期国家经济在表面上有所起色，但是俄罗斯国内广告市场的绝对指数非常低。比如 1997 年广告市场规模达到了 13.9 亿美元的峰值，然而这个数字也只相当于同一时期美国广告市场的 1/150。

① [俄]谢苗·古列维．从出版社到媒体集团 //http://www.mediascope.ru/?id_menu=2&id_menu_item=2&id_object=4&id_item=404.

② 同上。

③ [俄]谢尔盖·斯米尔诺夫．俄罗斯媒体集团：媒体融合的国家经验．媒体世界出版社，2014.

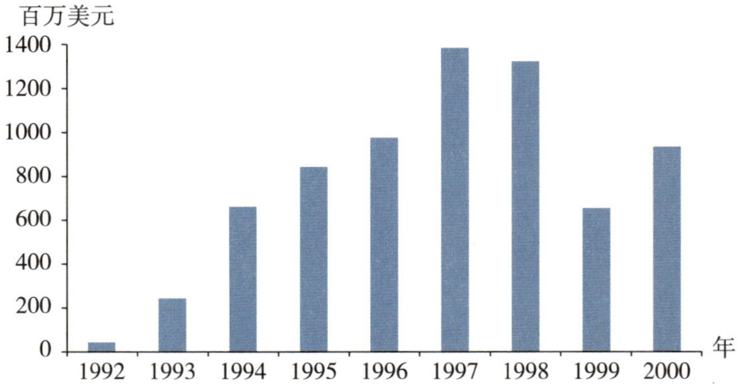

图 2-1　1992~2000 年俄罗斯媒体广告市场发展变化

数据来源：俄罗斯“国际视频”分析中心。

政府预算拨款传统上只流向国家所有制的媒体，因此，20 世纪 90 年代初俄罗斯政府针对私营媒体实施了不少优惠政策。这一举措部分地缓解了复杂的局面，但依然治标不治本，周转资金缺乏的问题仍旧在私营媒体当中普遍存在。莫斯科大学新闻系教授瓦列里·伊万尼茨基注意到了当时俄罗斯媒体市场转型的负面现象。他指出：

> 大概从 1992 年之后，绝大部分商业媒体开始投机式的运作。它们事实上构成了以投机主义为思想基础的媒体业，致力于通过迷惑广告商和受众迅速赚取金钱。[①]

1998 年 8 月开始的金融危机更给本来就很薄弱的广告市场带

① 独立电视台与俄政府冲突的主要阶段 //http://www.yabloko.ru/Publ/2001/2001_4/010409_ntv_etapy.html（独立电视台官网）.

来了灾难。这场危机致使俄罗斯国内所有商业媒体企业的经济状况越发糟糕。在这样的背景下，当时的俄罗斯国内媒体迫切需要继续向前发展的市场动力，这个动力只能来自那些有意成为媒体所有者角色的经济代理人。而正是这些包括经济寡头在内的代理人的出现，通过投资的方式，使俄罗斯整个国家媒体市场得以发展和加强。

1992~1996 年的国有资产私有化进程，导致形成了为数不多的大企业家控制的综合集团。这些集团通常涉足最赚钱的能源、冶金和金融业。就这样，俄罗斯出现了金融资本和工业资本相互融合的经济现象。实力雄厚的金融工业集团在俄罗斯出现不久后就开始涉足媒体行业，一步步地把大量需要资金支持的俄罗斯媒体纳入自己旗下。从此，俄罗斯媒体市场开始了集中与融合的进程。依附金融工业资本在很大程度上是当时媒体生存的唯一出路，因此，俄罗斯媒体资源的集中进程完成得非常迅速。总之，俄罗斯国内媒体产业的诞生完全反映了资本积累最初阶段的所有特征。经济学和社会学者叶莲娜·瓦尔塔诺娃在自己的著作《俄罗斯媒体和新闻学的后苏联转型》中说道：

> 上个世纪 90 年代初，国家经济的主要玩家……建立了后苏联时代媒体产业的基础，形成了几个具有影响力的集团，成为日后的政治和商业的精英阶层。[①]

这些政治和商业精英集团即我们日后所熟知的“寡头”。

在俄罗斯媒体市场形成的第一个时期，起主导作用的主要有

① 俄罗斯联邦出版与大众传媒署．俄罗斯电视媒体 2013 年产业报告．2013.

三个寡头集团：弗拉基米尔·古辛斯基的集团“桥”、鲍里斯·别列佐夫斯基的集团“LogoVAZ”和弗拉基米尔·波塔宁的集团“Interros”。

古辛斯基的集团“桥”总共兼并了40多家公司，其中最核心的是“桥”银行。其他公司分别涉及房地产、建筑、石油、旅游和安保等行业。别列佐夫斯基的集团“LogoVAZ”是俄罗斯汽车制造公司“AvtoVaz”最大的经销商，旗下拥有100多家商业和社会性质的子公司和组织。波塔宁的集团“Interros”是以多领域投资的“ONEKSIM”银行（ОНЭКСИМ）起家的，其商业利益涉及机器制造、冶金、石油和交通行业。

值得一提的是，这三个寡头集团进军媒体产业的方式有所区别。古辛斯基白手起家，自创了包括独立电视台在内的多家媒体。别列佐夫斯基和波塔宁则是把原有的媒体纳入自身旗下。作为俄罗斯的第一个金融工业集团，“桥”通过建立专门的管理组织吸纳并控制着多个媒体。这个组织就是1997年成立的“桥媒体”。该公司开创了俄罗斯媒体集团的一个先河。“Interros”集团紧随其后，在1998年成立了传媒公司“Prof”。别列佐夫斯基的集团“LogoVAZ”拥有的媒体始终没有集中到一个媒体公司之下。此外，这三个寡头集团对媒体资源的资金投入来源也有所不同。古辛斯基对“桥媒体”公司的投资来自俄罗斯天然气工业股份有限公司担保下的银行贷款。别列佐夫斯基的集团“LogoVAZ”和波塔宁的集团“Interros”则多数是自己投资媒体项目。

当然，20世纪90年代俄罗斯媒体市场上还存在一些规模相对较小的金融工业集团。比如，“卢克”石油公司从1995年开始成为“俄罗斯媒体集团”的联合投资人；1998年，俄罗斯金融企业“系统”股份公司创立了“系统大众传媒”控股公司；同年，俄罗斯天然气工业股份有限公司也成立了俄罗斯天然气工业媒体控股公司（简称“俄气媒体”）。同一时期，俄罗斯媒体市场上出现了第一批独立于寡头集团之外的商业媒体公司：《莫斯科共青团员》报出版社，罗季奥诺夫出版社，“驾驶”出版社，俄罗斯商业咨询媒体公司（RBK）。另外，俄罗斯政府通过其控制的全俄国家电视广播公司在媒体市场上发挥了一定的作用。90 年代，欧美发达国家的资本集团也参与了俄罗斯媒体市场的竞争。不过，由于俄罗斯国内经济的不稳定和高风险性，这些西方资本在俄罗斯媒体市场上的参与度并不高。

二、第二个时期（1999~2008 年）

1999~2008 年这一时间段对于俄罗斯媒体产业来说是发展壮大的关键时期，主要得益于宏观经济局势的好转。俄罗斯开始逐步从 1998 年金融危机的阴影中走出来，经济趋向稳定并逐步发展。仰仗于国际能源价格的迅猛上涨，俄罗斯国内生产总值和人均收入得以大幅提高。比如，1998 年石油价格为 8 美元 / 每桶，2008 年则提升到了 95 美元 / 每桶。据统计，俄罗斯国内生产总值的 1/3 和大约 40% 的财政收入都来自能源行业。

俄罗斯经济环境的整体好转必然体现在媒体产业发展所依靠的广告领域。这个时期，俄罗斯国内广告市场增长势头超过了国内生产总值的增长，并跻身欧洲国家前列。居民有支付能力需求的提升、中产阶级的形成和 2000 年之后的消费热，为广告业的大发展提供了所有必要的条件。10 年间，广告市场规模增长了 9 倍之多，这一态势也使得媒体业界对未来充满了乐观的期待。

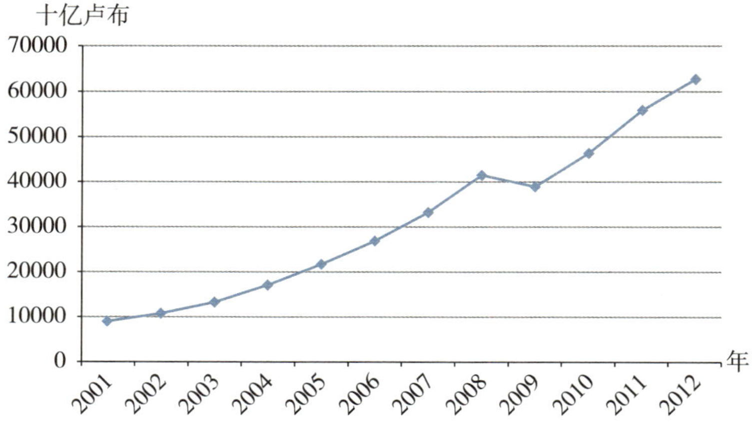

图 2-2　2001~2012 年俄罗斯国内生产总值变化

数据来源：俄罗斯联邦统计局。

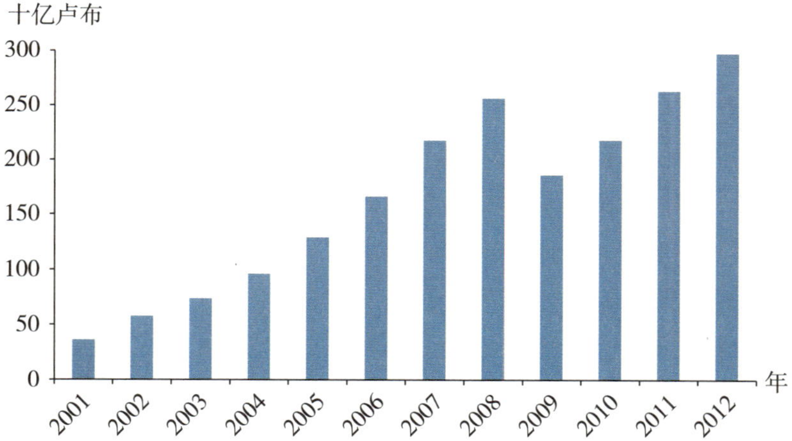

图 2-3　2001~2012 年俄罗斯媒体广告市场发展变化

数据来源：俄罗斯传播机构联合会。

在经济环境改变的大背景下，所有者对媒体的经营方式也做出了相应的调整。从 2000 年开始，俄罗斯出现了媒体商业化的概念。赞助商行业的发展为内容货币化提供了可能。由此出现了新的一套理论——媒体资产的收益性。俄罗斯国内媒体产业规模在这一时期得到扩大，媒体产业各部门有所发展，甚至出现了有待开发领域等新的机遇。所有这些因素都刺激了俄罗斯媒体市场进一步的集中与融合。在对新项目进行资本积累和优化、吸引更多的广告投入以及整合媒体产品的生产和传播功能等方面，大型媒体集团的优势得以充分显现。

与此同时，俄罗斯媒体产业的蓬勃发展并没有导致金融工业集团在媒体市场上的比重减少，只是改变了部分集团对媒体资产的掌控状况。2001 年，为了偿还贷款，古辛斯基将“桥媒体”控股公司旗下的媒体全部转让给了“俄气媒体”。别列佐夫斯基的媒体集团中的部分媒体资产在 2001~2006 年先后转手。只有波塔宁的传媒集团“Prof”不仅完整保存，而且扩大了在媒体市场的影响。此外，2005 年尤里·科瓦利丘克领导下的、经营方式多样化的俄罗斯“国家媒体集团”开始形成。2006 年，阿利舍尔·乌斯马诺夫领导的控股集团“USM”旗下的媒体集团也开始起步。

这个时期俄罗斯媒体市场上其他小型的媒体集团和独立媒体也得到了相应的发展。“系统大众传媒”、“联合传媒”、“俄罗斯媒体集团”、《专家》杂志、《莫斯科共青团员》等媒体公司继续占据着媒体市场的一部分。同时，越来越多的外国资本流向俄罗斯新兴的媒体市场，这从一个侧面显示出俄罗斯媒体经济的上升势头。

在经济形势整体好转的背景下，几大国家级媒体——全俄国家电视广播公司、2000 年之后崛起的俄罗斯新闻通讯社以及“今日俄罗斯”（Russia Today）电视频道，也都进一步巩固了自己在媒体市场的地位。值得一提的是，上述三个国家拨款的大型媒体都能够遵循商业市场规则，积极参与与私有媒体的竞争。

三、第三个时期（2009年至今）

2008年发生的国际金融危机导致俄罗斯媒体市场逐步走向低迷，尤其是市场预算的普遍缩减严重打击了广告业，进而影响到俄罗斯媒体市场的整体发展。莫斯科大学新闻系博士加林娜·谢皮洛娃在评价这一时期的俄罗斯媒体市场时指出：

> 国际经济危机在很大程度上触动了俄罗斯经济，也对广告和媒体商业产生了影响。这一事实同时也说明了，如今已经不可能把广告业与媒体行业分割开了。[①]

据统计，在情况最糟的2009年里，俄罗斯媒体市场总额下降了36%。受到冲击最小的电视领域也下降了26%。杂志出版业的情况最差，缩减了44%。

幸运的是，广告业的下跌趋势很快得到了遏止并实现了扭转。2011年，俄罗斯广告市场规模恢复到了危机前的水平。2012年，更是达到了新的历史峰值。不过自此以后，俄罗斯广告业的增速在其诞生20年后开始放缓，再也超越不了15%的界限。众多绝对数据都表明，广告业界由于受到卢布贬值和通货膨胀的影响而风光不再。悲观主义者甚至把这种现象看成广告产业的停滞或者萎缩，并将主要原因归咎为俄罗斯经济发展速度的整体放缓。

显而易见，媒体产业的兴衰与广告市场有着直接的关系。广

① 俄罗斯联邦出版与大众传媒署．俄罗斯广播媒体2014年产业报告．2014.

告市场的变化必然导致新一轮的媒体集中与融合。相对弱小的媒体只有依附于强大媒体集团的羽翼才能得以生存。截至 2014 年年底，俄罗斯媒体市场上公认的占主导地位的有五大媒体集团分别是：全俄国家电视广播公司、俄罗斯天然气工业媒体控股公司、“国家媒体集团”、“CTC 传媒”集团、乌斯马诺夫媒体集团。本章第三节将要专门阐述这五大集团，在此暂不赘述。

除了上述五大媒体集团，现今俄罗斯媒体市场上还存在数量可观的“第二梯队”媒体企业。例如：《共青团真理报》（报纸、广播、电视、互联网）、《莫斯科共青团员》（报纸、杂志）、俄罗斯新闻通讯社（2013 年 12 月根据总统令被撤销，在原有新闻社和“俄罗斯之声”广播电台基础上成立了“今日俄罗斯”国际新闻通讯社）、《俄罗斯报》（报纸、杂志）、Yandex（互联网），等等。

总之，尽管俄罗斯媒体经济发展有自己的独特性，但是仍旧没有成为颠覆传统媒体领域经济关系的特例。如今，俄罗斯媒体市场越来越多地受到媒体商业跨国化全球进程和信息传播技术发展的影响。新媒体和国际知名品牌媒体分支在俄罗斯的出现，正在改变着俄罗斯媒体系统的结构，同时也为媒体的集中与融合进程作出了贡献。近年来，在广告产业复苏的刺激下，俄罗斯媒体市场得以继续发展，而大型媒体集团则不断向媒体行业的各个领域扩张，逐渐探索并掌握了国际媒体管理的先进经验。

第二节 俄罗斯媒体融合的政治环境

不可否认，世界上任何一个国家的统治阶层精英总会影响到其国内新闻产品的生产和传播。政权与媒体所有者和管理者的相互关系模式，往往决定着这些媒体的生存。这种模式首先决定了大型媒体商业的发展，同时也相应地影响到媒体集中与融合的进程。俄罗斯媒体的政治发展史与其经济发展进程不完全一致。总的来说，俄罗斯国内媒体市场的政治发展进程大致分为两个时期。

一、第一个时期（1992~2000 年）

这个时期的特点可以概括为困难与迷茫。20 世纪 90 年代初，俄罗斯作为一个独立国家刚刚起步。1993 年制定并沿用至今的《俄罗斯联邦宪法》，规定了超级总统国家的制度。在叶利钦执政的最初几年，政治局势不是十分稳定。经济改革停滞不前，国家杜马（议会下院）中存在大部分反对派，联邦委员会（议会上院）则不够坚定，地方共和国的分离倾向导致了车臣战争的爆发。所有这些现象都说明了当时俄罗斯国家机制的脆弱和不稳定。社会精英的缺席以及稳定文明的政治斗争规则的缺失，更导致了俄罗斯国家制度的不可预测性。

然而，在 20 世纪复杂多变的 90 年代也有客观的优势。俄罗斯国内媒体在 90 年代后获得了真正的自主权。这些媒体在这个特殊的时期起到了特别的作用。在公民社会结构不健全的情况下，媒体担负起了一部分公民社会的职责：既在总体上支持国家的政策路线，同时也批评政策路线实施方式的不合理。正如政治学家马克·乌尔诺夫所说的：

> 叶利钦时代国家的政治和经济领域出现了竞争，自由媒体和公民社会开始形成。人们开始不惧怕政权，敢于直面政府说出自己所想的。当然，一个社会从集权政

治转型为民主政治不可能不经历困难，犯错误也是难免的。[①]

俄罗斯获得独立之后，联邦政府经常遭到来自国内各方的反对。因此，争取到各方的支持才是保障执政稳定的基础。尤其是在大选举行前后，当权者在与各阶层的选民接触过程中就十分需要来自媒体的宣传支持。1996 年总统大选前，联邦政府面临着以久加诺夫为首的俄罗斯共产党的极大挑战，刚刚摆脱苏联体制的俄罗斯也面临着走回头路的风险。这样的结局既不是当权者所愿意看到的，更是刚刚崛起的俄罗斯商业界不允许的，谁也不愿意把私有财产重新国有化。政府和商界利益的一致性使二者联合起来面对挑战。由别列佐夫斯基、古辛斯基和波塔宁等寡头组成的所谓的“七大银行主社团”就应运而生了。这个临时组织的主要任务就是力保叶利钦成功连任俄罗斯联邦总统。就这样，在俄罗斯第一次出现了政府与控制着主流媒体的商界巨头们融洽共存的现象。主流媒体对特定的候选人进行的集中宣传带来了预想的效果：叶利钦成功连任了俄罗斯联邦总统。值得一提的是，为叶利钦成功连任立下汗马功劳的主要是古辛斯基的“桥媒体”集团和别列佐夫斯基的“LogoVAZ”集团下属的几大媒体。

可以说，1996 年的竞选运动成为俄罗斯媒体发展的转折性事件。正是在这时形成了第一批真正意义上的媒体集团。联邦政府在某些特定情况下，甚至直接下达关于促进媒体集中与融合的决议。例如，1996 年 11 月，叶利钦签署了名为《稳定和改善全俄国家电视广播公司和独立电视台（NTV）播出质量》的命令。该

① 俄罗斯联邦出版与大众传媒署 . 俄罗斯互联网 2014 年产业报告 . 2014.

命令指出，在免去竞标的前提下把重要的播出频率特批给独立电视台。这一决定使得古辛斯基旗下的独立电视台（NTV）成为俄罗斯国内的第三大电视媒体。还有一个特例是 1997~1998 年古辛斯基的"桥媒体"控股公司获得了各大银行的巨额贷款，总额达到 9.4 亿美元之多。值得一提的是，这个数目只是略少于 1998 年危机前俄罗斯国内广告产业的流通总额。"桥媒体"获得这笔巨额贷款的背景无人知晓，但是为这个私人媒体集团做巨额贷款担保的却是财大气粗的国有企业——俄罗斯天然气工业股份有限公司，这是史无前例的。总之，在 20 世纪最后五年里，俄罗斯商界此前对政府的支持得到了现实的回报是不争的事实。

与此同时，别列佐夫斯基的媒体集团也同样获得到了一些重要媒体资源。国家控股 51% 的俄罗斯公共电视台（"第一频道"电视台的前身）在 20 世纪 90 年代实际上是由"LogoVAZ"集团控制管理的。那个时期，别列佐夫斯基本人还曾担任独联体第二执行秘书长、俄罗斯安全委员会副秘书长、国家杜马议员，同时也是叶利钦总统贴身顾问团当中的一名关键人物。正因为如此，别列佐夫斯基控制的媒体集团曾一度是克里姆林宫最为亲近友好的媒体，并同"桥媒体"、俄罗斯国家电视广播公司以及波塔宁的传媒集团"ProfMedia"一起构成了俄罗斯媒体政治体系的核心。在政治媒体化背景下，舆论工具的存在对于政权具有战略性意义。正是在这个因素的推动下，20 世纪 90 年代最后几年，在金融工业集团的控制下，俄罗斯媒体集中与融合的进程达到了顶峰。

然而，几大寡头势力集团控制下的媒体机制并不总是发展顺利。这几大集团的政治纷争发生在 20 世纪末的议会和总统选举前。1999 年，别列佐夫斯基积极支持"统一俄罗斯"党和叶利钦"钦定"的接班人、俄罗斯联邦政府总理普京。而古辛斯基支持反对派联盟党“祖国—全俄罗斯”的卢日科夫和普里马科夫。在这一进程当中，寡头们控制下的媒体又一次起到了至关重要的作用。然而，2000年大选之后，俄罗斯媒体政治体系中的力量分配结果并不像人们预料的那样。

二、第二个时期（2000年至今）

在这个时期，伴随着俄罗斯国内局势的巨大变化，媒体也得到了相应的发展。2000年当选俄罗斯总统的普京，很快勾勒出了新的国家政治体系面貌。“垂直权力”的加强改变了治国的方式。从2000年开始，俄罗斯中央政权开始在这方面采取一系列措施：在国家杜马中创立了“统一俄罗斯”党，这一新的党派不仅在议会中占据了人数优势，还始终忠诚于总统普京；在地区立法会议中提高小党派（包括反对派）进入议会的门槛；改变联邦委员会的席位分配原则；直接任命联邦主体领导；创立向各联邦区派遣总统全权代表制，等等。在人事任免方面，强力部门代表的角色得到明显加强。同时还产生了“主权民主”的概念，即俄罗斯在对内政策和对外政策方面的决策完全独立，不受任何世界强国的指挥。

新的国家发展战略决定了单一的势力集团不可能再独立地进行政治活动了。总统普京成为俄罗斯唯一的实际领袖。他的方针和思想就是民族利益的唯一官方模式。如此一来，社会精英们就面临着选择：要么接受既定的规则，要么直接退出游戏。大型企业家尤其是寡头开始被禁止干预国家的建设与管理。然而，对于当时俄罗斯国内最大的两个媒体集团来说，要立即适应这种变化几乎是不可能的。古辛斯基和别列佐夫斯基与新政权之间的冲突是什么时候开始的，外界无从得知。唯一确定的事实是，2000年之后曾经风光无限的几个大型媒体集团逐步走向衰落、甚至解体。

“古辛斯基案件”是俄罗斯政权与商业相互关系进入一个新时期的标志。2000 年，针对古辛斯基本人和“桥媒体”的调查几乎同步展开。2001 年和 2003 年，虽然古辛斯基在遭到国际通缉的过程中先后两次被西班牙和希腊护法机关逮捕，不过俄罗斯将其引渡回国的请求都没有实现。以色列检察院对古辛斯基洗钱案件的调查因为没有足够证据而在 2006 年宣告结束。而针对“桥媒体”的指控源于其不能及时偿还贷款。俄罗斯天然气工业股份有限公司作为贷款担保人，坚持把“桥媒体”的资产转让给自己的子公司“俄气媒体”。很快，古辛斯基便与“俄气媒体”签订协议，答应把自己在“桥媒体”中的股份转让给后者。但是后来，古辛斯基拒绝履行转让义务。此后，双方开始了马拉松式的官司战。而最终，“俄气媒体”取得了完胜。判决要求“桥媒体”的全部资产转归“俄气媒体”所有。就这样，半国有性质的“俄气媒体”取代了此前私营的“桥媒体”，拥有了独立电视台（NTV）、“莫斯科回声”电台、《今日》报纸和《总结》杂志这样一批重要的社会政治类媒体。从此，古辛斯基彻底退出了俄罗斯媒体市场。

相比古辛斯基，别列佐夫斯基媒体集团的解体时间持续得更长一些。2000 年之后，别列佐夫斯基并没有受到涉及媒体商业方面的指控。外界永远搞不清楚别列佐夫斯基是在何种情况下卖掉俄罗斯公共电视台 49% 的股份的。别列佐夫斯基媒体集团旗下的莫斯科独立广播电视公司 TV-6 的消失，也成为令人不解的谜团。2005 年和 2006 年，别列佐夫斯基又转让出了集团旗下的纸质媒体《独立报》、《生意人》报等。外界猜测，处在政治逃亡中的寡头别列佐夫斯基主动让出媒体资产是为了避免最后落得血本无归。2006 年以后，别列佐夫斯基控制的媒体集团退出了俄罗斯的历史舞台。

在古辛斯基和别列佐夫斯基先后退出俄罗斯媒体市场的同时，另一位寡头波塔宁的传媒集团“ProfMedia”却令人意外地保全了下来。在2000年之后，该集团商业规模不但没有缩减，反而得到了扩大。其中的重要原因就是“ProfMedia”传媒集团逐渐转让出了旗下所有社会政治性质的媒体，其中就包括影响力巨大的《消息报》《共青团真理报》和《专家》杂志等。此后，该集团几乎只专注于休闲娱乐媒体领域的发展。由此可见,“ProfMedia”传媒集团在当时的政治背景下采取的战略是正确的，即通过转让一些敏感媒体把自身的政治风险降到最低，同时在媒体市场上的重新定位也为其带来了一定的商业利润。

2000年以后，重要的国家媒体集团全俄国家电视广播公司在媒体行业中的比重和地位越来越高。一方面，俄罗斯联邦主体所有的电视广播公司都统一归属到全俄国家电视广播公司旗下；另一方面，集团还新创立和增加了一些国家级的电视广播频道，比如“俄罗斯24新闻频道”、“俄罗斯电视二台”（主要播出体育娱乐类节目）、“新闻调频”广播电台以及一系列闭路电视频道。

值得一提的是，2005年以后俄罗斯媒体市场上出现了一批新的私人媒体集团。尤里·科瓦利丘克创办的“国家媒体集团”在不到五年的时间里通过融资和并购成为俄罗斯媒体市场的重量级玩家。其旗下囊括了“第一频道”电视台的部分股权、“第五频道”电视台、“REN TV”电视频道、《消息报》、“新闻”电台等。然而，“国家媒体集团”的每一次媒体并购都进行得很低调，并没有引起公众的注意。这其中的部分原因归于科瓦利丘克本人与普京保持了多年的良好私人和工作关系。当然，另一位私人媒体集团的掌门人阿利舍尔·乌斯马诺夫与科瓦利丘克一样也可以被视为忠于国家政治制度、支持普京执政的典型代表。

至此，2005 年以后，俄罗斯国内形成了新的特有的媒体政治体系，其核心由国家级（如全俄国家电视广播公司）、准国家级（如俄气媒体）和与政府友好的（如国家媒体集团、乌斯马诺夫媒体集团）大型媒体组织构成。

新世纪初的俄罗斯媒体集中与融合进程与 20 世纪 90 年代时的规模相仿，究其实质来看也没有发生太大的变化，即媒体商业仍然没有脱离最高政权而独立存在。在这种情况下，身处俄罗斯的外国媒体投资者喊出“为了独立我们应当赚钱”的口号也就不足为奇了。俄罗斯著名记者、学者伊万·扎苏尔斯基早在 2000 年左右就曾指出：

> 政权过度的控制新闻流通可能会导致 80 年代末 90 年代初时新闻工作者联合起来反抗。商业印刷媒体，网络媒体，卫星电视和地方媒体加在一起在某种情况下可能会变得很危险，甚至使政权付出代价。[①]

当然，对于俄罗斯的媒体市场体制也不能一概而论。实际上，俄罗斯媒体集中与融合的结果并没有消灭政治新闻自由。影响力越大、受众范围越广的媒体集团，总会适时适量地体现言论自由。此外，俄罗斯国内的情况也处于变化之中。尤其在 2008~2012 年梅德韦杰夫的总统任期内可以明显感受到更多的自由气息。

总而言之，政治因素对后苏联时期俄罗斯媒体的集中与融合产生了相当大的影响。大型媒体集团的形成和解体在很大程度上

① ［俄］谢尔盖·斯米尔诺夫．俄罗斯媒体集团：媒体融合的国家经验．媒体世界出版社，2014.

取决于与政权的相互关系，而不是微观或宏观的经济状况。直至今日，控制着主要社会政治媒体的大型媒体商业集团仍旧处在国家利益和政府的掌控范围之内。一方面看，在国家制度尚未完善的前提下，政权对媒体的控制是合情合理的；另一方面看，这种现象也客观地阻碍了国家媒体产业中自由竞争市场关系的发展。

第三节 俄罗斯当前五大媒体集团

截至 2014 年年底，俄罗斯媒体市场上公认占主导地位的有五大媒体集团（见表 2–1）。

表 2–1 2014 年前俄罗斯五大媒体集团涉足媒体门类

	开路电视	闭路电视	广播	报纸	杂志	电影	广告	互联网
全俄国家电视广播公司	√	√	√			√		√
俄气媒体	√	√	√	√	√	√	√	√
国家媒体集团	√	√	√	√	√	√	√	√
“CTC 传媒”集团	√	√				√	√	√
乌斯马诺夫媒体集团	√	√	√	√	√			√

一、全俄国家电视广播公司

全俄国家电视广播公司（以下简称“全俄广电”）是俄罗斯国有的广电机构，也是俄罗斯规模最大的媒体集团之一，总部设在莫斯科。经过 20 多年的发展，全俄广电从最初的 1 个广播频道和1个电视频道，发展成为了目前拥有5个全国性电视频道，80多个地区性电视频道、5个广播电台、10个互联网频道的媒体集团。

（一）公司历史

全俄广电诞生之日为1990年7月14日。最初推出的是广播频道“俄罗斯广播”（Radio Rossii）。1991年5月13日“俄罗斯电视广播”（RTR）频道与观众见面，2001年该电视频道更名为“俄罗斯”（Rossiya）。1993年年初，全俄广电获得了全国性电视广播机构的地位，同时分别加入了欧洲广播联盟和亚太广播联盟。1998年，根据俄罗斯联邦总统令，全俄广电所有资产合并组建控股公司。此后，全俄广电成为俄罗斯最大的国家级电子大众传播媒体公司。2010年1月，全俄广电对下属的三个专业性电视频道进行了更名，原来的体育频道“Sport”改名为“俄罗斯电视二台”（Rossiya 2）；原来的新闻频道改名为“俄罗斯24新闻频道”（Rossiya 24）；原来的文化频道改名为“Rossiya K”（Russia Culture）。

（二）公司结构

全俄广电在当今俄罗斯国内广播电视领域占据领先地位，也是节目制作量最多的公司之一。旗下拥有的主要媒体资源包括：

◆ 联邦级电视频道：“俄罗斯电视一台”（Rossiya 1），“俄罗斯电视二台”（Rossiya 2），“俄罗斯文化频道”（Rossiya K）；

◆ 各联邦主体的地区电视广播公司80余家；

◆ 俄罗斯国内第一家24小时全天候新闻资讯电视频道“俄罗斯24新闻频道”（Rossiya 24）；

◆ 2002年，全俄广电开始在海外播出俄语国际电视频道“RTR-星球”（RTR-Planeta）；

◆ 俄语版泛欧洲电视新闻频道“欧洲新闻”（Euronews），全俄广电持有该频道约 16% 股份；

◆ 5 家广播电台：“俄罗斯广播电台”（Radio Rossii）、“灯塔”（Mayak）、“文化”（Culture）、“新闻调频”（Vesti FM）、“青春”（Youth）；

◆ 囊括了数十个媒体资源的国家级广电资源门户网站“russia.tv”。

（三）电视业务

“俄罗斯电视一台”的收视人群占俄罗斯人口的 98.5%，同时还吸引了来自独联体和波罗的海国家的 500 万观众。由俄罗斯经典文学作品改编的电视电影以及新闻类节目，一直是“俄罗斯电视一台”最受欢迎的内容。

“俄罗斯电视一台”的国际版频道“RTR- 星球”的观众来自欧洲、中东、北非和美国。它集合了“俄罗斯电视一台”和“俄罗斯文化”频道的优质节目，目标受众是海外的俄罗斯同胞。

1997 年 11 月 1 日开播的社教类频道“俄罗斯文化”，为观众提供了大量涉及历史、音乐、戏剧、造型艺术和文学等各领域的原创节目。同时，“俄罗斯文化”频道与众多国家的电视公司保持着密切合作，如英国广播公司（BBC）、意大利广播电视公司（RAI）、英国的“RM ASSOCIATES”、奥地利国家广播公司（ORF）、德法公共电视台“ARTE”、英国电视公司“Granada”、法国电视公司“Telemondis”以及美国的“Discovery”等。

“俄罗斯 24 新闻频道”为 24 小时不间断滚动播出的新闻资讯类专业电视频道。实时更新的新闻内容涉及国际、国内、文化、经济、体育等各个领域。经济分析和对话国内外各界精英的节目质量上乘，经常对重大事件进行实时直播更是成为该频道的亮点。

“俄罗斯电视二台”是主要针对年轻观众的电视频道。该频道播出内容包括新闻资讯、体育以及一些影视剧等文化娱乐类节目。

“旋转木马”电视频道由全俄广电与另一家大型国有电视公司“第一频道”各持 50% 的股份，是俄罗斯受众面最广的儿童和青少年频道。

此外，全俄广电在俄罗斯率先推出一系列数字电视频道，在新的技术支持下满足受众日益广泛的收视需求。这些数字电视频道包括：“俄罗斯故事”（Russian romance）、“俄罗斯畅销”（Russian bestseller）、“科学 2.0”（Science 2.0）、“我的星球”（My Planet）、“俄罗斯高清”（Rossiya HD）、“体育”（Sport）、“动画”（Mult），等等。内容涉及经济、社会、体育、文化等多个方面。

（四）广播业务

“俄罗斯广播电台”是俄罗斯国内最主要的国家级广播电台，它的节目通过长波、中波和超短波 24 小时覆盖俄罗斯全境。“俄罗斯广播电台”连续 13 年蝉联俄罗斯国内广播电台榜冠军。如今，该台是俄罗斯唯一的联邦级综合广播电台，拥有 174 档原创节目，内容涉及新闻、社会政治、音乐、文学戏剧、科学和儿童等领域。

“新闻调频”是俄罗斯国内独一无二的昼夜不停播出的新闻资讯类广播电台。其节目类型包括新闻播报、专家评论、交易汇总、直播节目以及专题报道。国家政治、世界经济、俄罗斯和独联体地区动态、体育、文化和高新技术等方面的各类信息，在其节目中都有体现。

“灯塔”电台是俄罗斯历史最悠久、声望最高的国家级新闻音乐广播电台。

（五）网络业务

全俄广电是俄罗斯互联网领域的最重要参与者之一。根据最近几年的调查结果，其新闻电视频道所对应的网站“vesti.ru”稳稳占据俄罗斯国内最受欢迎新闻网站的前三名。该网站每月的访问量将近 1700 万人次。2012 年，全俄广电旗下所有网站累计访问量超过 3 亿人次。此外，绝大部分全俄广电旗下的电视广播频道都实现了在互联网平台上在线播出。

专注于体育报道的“Sportbox.ru”是俄罗斯体育类网站的翘楚，拥有包括奥运会在内的很多国内外重大体育赛事的网络转播权。该网站为受众提供内容丰富的体育报道、图片和视频信息，每月的访问量达到 550 多万人次。

全俄广电还拥有专注于汽车、财经、文化等热门领域的专业类网站，这些网站原创的相关产业的新闻类视频报道在业界都具备较大的影响力。

二、俄罗斯天然气工业媒体控股公司

（一）集团历史及近况

俄罗斯天然气工业媒体控股公司（Gazprom-Media Holding，简称“俄气媒体”）是俄罗斯最大的“准国家”媒体集团，总部位于首都莫斯科。

之所以被称作“准国家”媒体，这是因为“俄气媒体”是 1998 年 1 月俄罗斯天然气工业股份有限公司为了管理其媒体资产而成立的子机构。除了这个大型国有企业作为母体以外，“俄气媒体”还有部分私人资本的参与，资本结构比较复杂，因此，不能简单地以“国有媒体”概之。

“俄气媒体”的媒体资源主要源于 2001~2002 年天然气工业

股份有限公司与古辛斯基旗下"桥媒体"的债务官司。作为胜诉方，天然气工业股份有限公司下属的"俄气媒体"接管了"桥媒体"旗下的所有媒体资源，包括独立电视台（NTV），卫星电视频道"NTV Plus"，娱乐电视频道"TNT"，"莫斯科回声"电台等俄罗斯国内的著名媒体组织。

2013年11月至2014年2月，"俄气媒体"宣布完全收购俄罗斯媒体市场的另一大型私人媒体集团"ProfMedia"的媒体资产，包括3家电视频道、4家广播电台以及电影工作室"Central Partnership"。其中以广大汽车驾驶员和乘客为主要听众群的"汽车电台"（Auto Radio）和以经典音乐为主要内容的"浪漫电台"（Romantic Radio），都进入了俄罗斯最受欢迎的十大广播电台榜单。

（二）集团旗下各领域媒体

◆ 开路电视频道：独立电视台（NTV）及其国际版"NTV International"、"TNT"、"TV3"、"2×2"、卫星电视频道运营商"NTV Plus"①；

◆ 广播电台频道："汽车广播"，"莫斯科回声"，"都市调频"，"Comedy广播"，"Relax调频"，"儿童广播"，"Energy广播"，"Romantika广播"，"幽默调频"；

◆ 出版公司"七日"旗下包括：以介绍电视节目为主要内容的杂志《七日》、《故事商队》、《全景TV》以及报纸《讲坛》；

◆ 视频网站："RuTube.ru"、"Now.ru"等；

◆ 影视：电影制作室"NTV-kino"、"Comedy Club Production"、"Central Partnership"、"Central Partnership Production"、

① "NTV Plus"下属的卫星电视频道有"NTV Plus. 足球"、"NTV Plus. 体育"、"NTV Plus. 新电影"、"NTV Plus. 儿童世界"、"法制TV"等。

“Gudstorimadia”以及两条电影院线。

三、俄罗斯“国家媒体集团”

（一）集团历史及近况

俄罗斯“国家媒体集团”（National Media Group，NMG）成立于 2008 年，总部位于首都莫斯科。

2008 年 2 月，为了提高市场竞争力和增强有效管理，在整合“俄罗斯”股份银行、“苏尔古特石油天然气公司”和“天然气工业保险公司”控股媒体等资源的基础上，与普京关系密切的尤里·科瓦利丘克成立了俄罗斯“国家媒体集团”。经过多年发展，该媒体集团已成为俄罗斯最大的私人媒体集团，旗下包括电视、报纸、广播、互联网等众多媒体品牌。

目前，“国家媒体集团”董事会主席为阿林娜·卡巴耶娃，总经理为亚历山大·奥尔中尼基泽。卡巴耶娃是俄罗斯前艺术体操奥运冠军，退役后开始从事社会公益事业，后来成功当选杜马议员，2014 年 9 月开始出任“国家媒体集团”董事会主席。奥尔中尼基泽的从业经验则主要集中在媒体和能源领域，曾任卫星电视频道“NTV Plus”总经理及俄罗斯多家能源企业的总经理。

近年来，“国家媒体集团”提出几大基本任务，包括在俄罗斯推广和维护文化价值观，教育引导年轻人，促进社会、企业与政府间的有效信息沟通与协作，等等。为此，该集团特别成立了公共委员会，由社会活动家、文学家、演员、政治家和商界精英组成，致力于促进国际信息交流、综合评估媒体集团公共活动的社会目标和效益。

（二）集团旗下各领域媒体

- 开路电视频道：俄罗斯历史最悠久的电视台圣彼得堡“第

五频道”（集团持有 72.4% 股份）；综合性电视台“REN TV”（集团持有 68% 股份）；俄罗斯国内最大的电视台之一“俄罗斯第一频道”（集团持有 25% 股份）；

◆ 闭路电视频道：“家庭影院”、“第一频道音乐台”、“时间”、“电视咖啡馆”、“第一频道”国际版，等等；

◆ 电台：“俄罗斯新闻电台”（集团全额控股）；

◆ 报纸：俄罗斯最大的日报之一《消息报》（集团持有 73.2% 股份）；周报《生活》、日报《你的日子》、杂志《火热》和《Bublle》等平面媒体；

◆ 网络：俄罗斯新锐网络媒体“LifeNews.ru”、“LifeSports.ru”、“Super.ru”、“Marker.ru”等。其中“LifeNews.ru”是近两年俄罗斯快速崛起的网络媒体，经常发布一些重大事件的独家视频新闻；

◆ 影视：影视公司“Art Picture Vision”（2014 年集团成功收购 50% 股份，业务开始向影视剧制作领域拓展）。

四、“CTC 传媒”集团

（一）集团历史及近况

“CTC 传媒”集团（CTC Media）成立于 1989 年，是俄罗斯最大的独立媒体控股公司。法律注册地为美国，总部位于莫斯科。

2004 年以前，“CTC 传媒”集团称为“Story First Communications”，最初是美国人彼得·加尔维在特拉华州注册的公司。该公司曾在 1991 年成立之初开设了第一个美俄联合的广播电台“Maximum”。同年，加尔维的公司进入电视领域，在圣彼得堡开始了电视频道的经营。1996 年，“CTC”电视频道在莫斯科开播。2005 年创建了全俄第一个围绕家庭话题和内容的电视频道“家庭”。2009~2012 年，“CTC”创办了国际版频道“CTC International”，该频道节目综合了“CTC”、“家庭”和“DTV”① 三个频道的内容，先后在美国、以色列、德国、拉脱维亚、立陶宛、爱沙尼亚、哈萨克斯坦、吉尔吉斯斯坦、亚美尼亚、格鲁吉亚、阿塞拜疆和泰国实现了落地。

2006 年，“CTC 传媒”集团在美国纳斯达克交易所首次公开募股。目前，除了上市股份之外，“CTC 传媒”集团 25% 的股份被“国家媒体集团”持有。瑞典公司“Modern Times Group”持有 38.2% 的股份，成为“CTC 传媒”集团最大的股东。

（二）集团旗下各领域媒体

- 开路电视频道：“CTC”、“家庭”、“辣椒”、“CTC Love”、“31 电视频道”（哈萨克斯坦）、“TV Dixi”（摩尔多瓦电视公司）、地区性电视频道“Orion”和“Rio”；
- 电视节目制作公司：“Story First Production”；
- 网站：“Videomore.ru”（视频和社交网站），“Domashniy.ru”（女性门户网站）；
- 广告公司：EvereCT-C。

五、乌斯马诺夫媒体集团

（一）集团历史及近况

阿利舍尔·乌斯马诺夫是近年来俄罗斯国内最富有的、最有影响力的实业家和企业管理者之一。他掌管着俄罗斯天然气工业股份有限公司下属负责大型投资项目的子公司天然气工业投资控股公司，同时也是俄罗斯最大的矿山冶金企业之一“金属投资公

① 2011 年 10 月更名为“辣椒”电视频道，主要以娱乐类节目为主。

司”（Metalloinvest Management Company）的老板。乌斯马诺夫名下同时拥有多个媒体控股公司，被认为是目前俄罗斯国内实力最强的私人媒体集团之一。多年来，乌斯马诺夫与俄罗斯政府保持着良好的关系。

乌斯马诺夫涉足媒体行业是从2006年收购《生意人》报开始的。他认为，在现代媒体商业领域，报纸媒体单靠自己的力量无法生存，建立多种媒体形态共存的大型媒体集团才能够获得成功。此后，乌斯马诺夫通过并购、融资等多种渠道实现了成立多媒体集团的目标：通过合并“UTV Media”控股公司进军电视领域；通过收购网络集团“Mail.ru”开始涉足互联网领域；创立“AF Telecom”控股公司并持有了俄罗斯国内最大的电信运营商之一“Megafon”公司31%的股份。乌斯马诺夫还通过投资基金“DST”收购了“脸书”（Facebook）等外国社交网站在俄罗斯的份额。经过多年的积累和发展，如今乌斯马诺夫名下的媒体集团已经拥有了报纸、电视、广播和网络等多种形态的媒体。

（二）集团旗下各领域媒体

◆“生意人”出版公司：旗下包括《生意人》报及其副刊，杂志《生意人·权力》《生意人·金钱》《生意人·周末》《星火》《自动驾驶仪》《公司的秘密》，等等；

◆开路电视频道：“UTV Media”下属的“U”（Ю）和“Disney”；

◆闭路电视频道：“Mus-TV”（Муз-ТВ，以流行音乐为主要节目内容）；

◆广播电台：“生意人调频”；

◆网站：“Kommersant.ru”（综合性网站）、“Clipyou.ru”（网络视频服务网站）、“Mail.ru”（多媒体服务门户网络）、“Odnoklassniki.ru”和“VK.com”（俄罗斯自主研发的社交网络）

以及一些其他专业类商务网站。

乌斯马诺夫集团还掌握着网络通信服务软件“ICQ”、多功能交易支付系统“QiWi”系统的日常运行与维护。

第三章
“今日俄罗斯”电视台（RT）

重组和整合国家传统媒体资源、推动媒体融合发展、打造媒体品牌的根本目的在于提升媒体的国际传播效率。这是近年来俄罗斯政府一直坚持的媒体建设基本战略。“今日俄罗斯”电视台（Russia Today，RT）在全球影响力的迅速提升，体现了俄罗斯媒体战略的成功。

通过分析 RT 的发展进程，可以梳理出俄罗斯在提升国际传播能力方面的“三步走”发展战略：第一步，打造和培育新的媒体品牌，汇入全球信息流，影响“有影响力的人”，改善国家形象；第二步，借力社交网络放大品牌效应，影响“容易被影响的人”，促进社会舆论的形成；第三步，集中优势资源，设置国际议事日程，引领国际舆论走向。

第一节　整体概况

一、建设情况

RT 的前身是俄新社于 2005 年开设的英语新闻频道“Russia Today International”，这是俄罗斯的第一个全时段英语新闻频道。

普京在谈到 RT 的时候就明确表示过，RT 的任务很简单，就是打破美国人对英语舆论的垄断，向世界展现一个“没有偏见的俄罗斯国家形象”。

成立之初，RT 就被称为“俄罗斯的 CNN”，其宗旨是以专业的方式反映俄罗斯对世界的看法，提升俄罗斯的大国形象。2010 年，RT 开办了“美国台”（RT America）。俄新社开设 RT 频道的目的非常明确：揭露英、美等西方国家的社会阴暗面，批评西方政府的无能与失败，戳穿西方媒体的虚伪与偏见，为全球受众提供西方主流媒体之外的不同声音。根据这一定位，RT 的报道方向确定为：一是报道俄罗斯有关国际热点问题的立场，二是向世界展示一个不同的俄罗斯。

RT 总编辑玛格丽塔·西蒙尼扬在接受路透社采访时曾表示：

> 我们并不想改变 BBC、CNN、Euronews 等遵循的报道方式。我们只想反映俄罗斯对这个世界的看法，让俄罗斯看上去更好……俄罗斯是世界主要国家，是有影响力的国家，因此，必须让全球的观众了解俄罗斯对世界的立场。

由于报道内容与俄罗斯其他电视频道有很大区别，西方受众在很大程度上将 RT 视为独立媒体而非国有媒体。2009 年，为了淡化官方色彩并进一步与国际传媒接轨，“今日俄罗斯”将其频道名称简化，开始着力打造和推广“RT”这一标识和品牌。

RT 的总部设在莫斯科。截至 2014 年，RT 在华盛顿、纽约、伦敦、巴黎、柏林等重点城市设置了重要站点，在全球 19 个国家和地区设立了 22 个记者站，节目在世界各地的 270 万个酒店房间落地。2009年，启用在华盛顿的新闻大楼，以华盛顿分台为中心，在纽约、迈阿密、洛杉矶设立演播室。同时，RT还大力拓展卫星转播渠道，仅英语频道就有23颗卫星向全球转播。

目前，RT下设的电视频道有：

◆ 英语频道“RT English”（网址：rt.com）：24小时新闻台，在莫斯科和华盛顿设有演播室。

◆ 俄语频道“RT на русском”（网址：russian.rt.com）：根据“Brand Analytics”的统计，截至2014年4月在所有俄文媒体中该频道节目的引用率位居第二，仅次于俄新社。

◆ 德语网络频道（网址：rtdeutsch.com）：2014年11月6日成立，首日访问量达90万次。截至2014年年底访问量平均每周增长22%，日平均独特访客约2.25万。

◆ 法语网络频道（网址：francais.rt.com）：2014年11月成立，主要针对法国、比利时、瑞士和加拿大等国受众。

◆ 阿拉伯语频道“RT Arabic”（网址：arabic.rt.com）：俄罗斯首个阿拉伯语新闻台，2007年5月开播，受众达3.5亿，主要集中在中东、北非和欧洲。据“Nielsen Media”的统计，在7个阿拉伯国家（叙利亚、黎巴嫩、科威特、阿联酋、约旦、埃及、沙特阿拉伯）RT的受众超过了500万。

◆ 西班牙语频道“RT Spanish”（网址：actualidad.rt.com）：俄罗斯首个西班牙语新闻台，2009年12月开播，进入了西班牙和拉美地区的350个有线电视网络，44家西班牙和拉美地区的电视频道转播其新闻节目。

◆ “RT美国台”（RT American，网址：rt.com/usa）：开办于2010年。与“Time Warner”“GlobeCast World TV”“Comcast”

“Independence Public Media”“Dish Networks”等媒体公司合作进行节目推广。在华盛顿、芝加哥、洛杉矶、旧金山、费城等美国主要城市，可以通过有线电视网络和卫星接收系统收看。在全美65万个酒店房间实现落地收看。受众总量达到了8500万。

◆ 纪录片频道“RTDoc”（网址：rtd.rt.com）：通过“热鸟”（Hot Bird）卫星进行信号传输，覆盖了欧洲、中东和北美地区的1.2亿个家庭。网络用户分布在德国、意大利、爱尔兰、葡萄牙、保加利亚、马其顿等国。美国和加拿大的100多万观众可通过“IPTV Roku”系统收看。

◆ 视频库“Ruptly”（网址：ruptly.tv）：2013年在在线视频库“Freevideo”的基础上成立。视频资源被185个国家的1.6万个电视频道和通讯社采用，其中包括CNN、Fox News、ABC News、AP、Reuters。

◆ “今日索契”电台（Radio Sochi Today，网址：2014.rt.com/radio）：在2014年俄罗斯索契冬奥会前夕开办，旨在提升俄罗斯国家形象，为冬奥会的举办创造良好的舆论氛围。受众约21万。

二、传播效果

RT自成立以后即被纳入总统新闻顾问代表管理序列，由总统新闻顾问代表总统每周召开新闻通气会，对包括该电视台在内的俄罗斯国有媒体进行业务指导。在新闻内容和采访权上，RT享有特殊优待和信息独享权。普京亲自确立了RT的发展战略，直接关注工作进展情况、实地考察电视台的运营。俄罗斯政府在很多重大事件中总是赋予RT独家新闻采访权或者优先采访权，RT也因此在国际媒体竞争中占据独特优势。比如，在俄罗斯与格鲁吉亚冲突期间，RT就获得了大量独家报道；在叙利亚危机的报道中，RT在俄罗斯政府的帮助下还获得了对叙总统巴沙尔·阿萨德的专访权。

目前，全球100多个国家和地区都可以收看到RT的电视节目，节目收视覆盖了全球6.44亿人口，拥有全球28%的有线电视订阅用户。在中国，RT已进入涉外酒店卫视系统，国内部分酒店（主要集中在珠三角地区）的卫视系统也可观看。RT还免费提供不带水印的国家领导人活动视频素材，受到全球电视媒体的广泛欢迎。

据“Magrarn Market Research”公司统计，2007年RT在莫斯科的收视率为16%，超出CNN 1个百分点，但不及BBC World News（18%）和Euronews（53%）。在海外却是另一番景象。据思纬（Synovate）统计，至2009年10月，RT在欧洲的受众数量达到了700万，其中的12%每天收看RT的节目，53%观众认为节目质量很高，23%观众称RT是最喜欢的新闻频道。据“Nielsen Media”在2009年9月的统计，在华盛顿地区的新闻频道中，RT的收视率居首。据“Luter Press Service”统计，至2010年1月，RT成为美国第二大受欢迎外国新闻频道，仅次于BBC，其收视率是位居第三位的半岛电视台的6.5倍。根据“www.bard.co.uk”网站的统计，超过50万英国人每周都收看RT的节目。据“Kantar Media”2011年提供的调查结果，英国观众青睐RT的主要原因在于该频道新闻节目的质量、真实性和可信度。RT对外传播的首要目标是影响那些“有影响力的人”，并以此影响世界主要国家尤其是西方国家的舆论走向。因此，RT电视台的节目设置和风格与CNN和BBC相近。在信息传播和观点表达的方式上，尽可能贴近西方受众的收视习惯。根据“Nielsen Media”的统计，“RT”

的主要受众是35~49岁受过高等教育的男性，大部分为工商界人士和政府官员，20%受众拥有副博士或博士学位。

2010年，RT开设“美国台”，不惜重金延聘世界各国的知名主播、编辑和制作人加盟。2013年，CNN前王牌主持人拉里·金加盟RT。得益于本土化战略的成功实施，RT在美国已成为仅次于BBC的第二受欢迎的外国电视台，在英国则成为继BBC和“天空电视台”之后收视率排名第三的新闻频道。根据2012年的统计数字，在华盛顿RT的观众数量是“德国之声”（Deutsche Welle）的13倍。目前，“RT”在华盛顿、纽约、伦敦、柏林、加沙等重点城市和地区均设有分支机构。

2010年秋，CNN前董事长兼首席执行官沃尔特·艾萨克森在纪念自由欧洲电台成立60周年的仪式上说，RT是美国的敌人之一，“我们决不允许我们的敌人与世界的交流胜过我们”。鉴于“敌对”国家推出了如此强势的英文媒体，他建议美国政府加大对本国媒体的资助。而当时美国对本国媒体的拨款已经高达7亿美元。

2014年乌克兰危机期间，乌克兰传媒界专家卢克什茨在评论围绕本国的舆论战时曾表示：

> 面对邻国（指俄罗斯）媒体攻击时显露出来的弱势，是乌克兰国家综合防御能力的短板。

2013年8月，RT总编辑玛格丽塔·西蒙尼扬在接受《明镜》周刊采访时曾表示，在俄格冲突期间，绝大多数西方媒体将自己打扮成格鲁吉亚国防部的角色。早在2011年，玛格丽塔·西蒙尼扬在微博中回应时任美国国务卿希拉里·克林顿对RT的指责时写道：

> 在当今世界，一个国家如果没有对外传播，就像没有国防部。

第二节 运作特点

从节目形态、媒体建设、受众开发与市场营销等方面，RT的若干成功经验值得参考。

一、追求报道内容的差异化

RT总编辑玛格丽塔·西蒙尼扬曾说过：“如果打开CNN和BBC，80%~90%的新闻是一样的，我们想展示更多的新闻。”但她同时认为，西方社会没有人会愿意整天看到有关俄罗斯的内容，RT以报道国际社会和受众广为关注的新闻为主，国际热点应是播报的重点，其次才是关于俄罗斯经济、文化、现代社会发展等方面的内容。在具体报道中，RT特别注重区别于美国等西方国家的价值观传播，尤其在俄罗斯与格鲁吉亚的武装冲突、乌克兰问题、叙利亚危机等国际重大事件中与西方媒体针锋相对。以2014年3月28日对乌克兰局势的报道为例。CNN等西方媒体着重报道了乌方士兵在边境地区挖壕备战的情况，RT选择的报道重点是克里米亚士兵获得俄罗斯国籍和新护照。不同的侧重点反衬出了不同的局势氛围，当然有助于受众作出不同的解读和预判。在与本国国家利益相关的重大问题上，RT常常巧妙地表现出自己的独到之处，一方面，通过新闻语言和报道角度影响受众对事件的认知；另一方面，通过访谈呈现意见的多样化，把争议留给受众独立思考。RT 善于主动设置议程，敢于批评美国，允许不同观点的碰撞，因此，常常在国际或美国热点问题上传递出不同于美国和其他西方国家媒体的立场。打开“RT 美国台”网站，在实时进行着的电视直播画面下，RT 这样介绍自己：

> 我们提供与美国主流电视完全不同的视角，我们报道新闻的另一面，我们不下结论，只提出那些还没有答案的问题。

正因为独特，RT 才得以吸引眼球，并拥有越来越多的受众。RT 曾三次获得美国电视界享有盛誉的艾美国际电视奖提名。同时，RT 也敢于拿国内问题开刀，但分寸把握得十分得当。BBC 曾如此评论 RT：

> 官僚主义者、甚至是部长们都可以成为其批评的对象，但总统永远是被庇护的。

德国《明镜》周刊总结了 RT 成功的四个主要原因：反美、性、普京支持和阴谋论。不过，特别值得关注的是，RT 并不避讳有关俄罗斯的负面新闻。例如，RT 对 2011 年年底发生的一系列反普京游行作了详尽的报道，并在报道中采访了俄罗斯、美国和其他国家的相关专家，至少在姿态上做到了中立客观。

二、追求镜头的开放性和鲜活性

RT 认为，应该给那些被西方媒体拒之门外者打开一扇窗。

这些人既包括不满西方的新闻从业者，又包括怀有反西方情绪的受众。例如，RT 采访美国的底层民众，质疑“美国梦”，将美国的政策描绘成国家道德水平下降的产物。另外，RT 非常重视边缘政治人物的言论。这是在报道英国事件时通常采用的做法。RT 英语频道的员工劳拉·斯密特来自伦敦。据她介绍，进入 RT 后她首先接受了为期两周的培训。培训的主要内容是如何在镜头前表现自我、寻找镜头感，而不是新闻编辑。斯密特目前的工作是就某些新闻事件发现其他媒体忽略的潜在被采访者，并和他们交谈，向受众展示更全面的信息。她坦言：

> 应该给那些边缘人物一些镜头。

三、善于开发名人效应

RT 与“维基揭秘”创始人阿桑奇一直保持着不错的合作。2012 年，RT 为阿桑奇量身打造了一档名为“明日世界”（The World Tomorrow）的访谈节目。阿桑奇作为主持人采访了一系列反美锋线人物，如黎巴嫩真主党领袖纳斯鲁拉等。阿桑奇 2013 年接受 RT 采访时说，多年来与 RT 一直保持着密切关系，RT 拥有很广的受众，是宣传其思想的有效工具。在解释为何邀请拉里·金加盟 RT 时，玛格丽塔·西蒙尼扬说：

> 不管坐在他对面的是总统、社会活动家还是摇滚明星，拉里·金从不回避冷酷的问题。这使得他非常适合 RT。

四、国家财政支持有力

RT自创建以来就被作为对外传播优先保障项目，得到了政府的有力支持。2005年，RT开办资金只有3000万美元，随后逐年递增。2008年全球金融危机时期，俄罗斯政府成立专门金融委员会，将RT列入“国家战略企业”名单，当年支持资金超过1亿美元。2011年，RT从政府获得的资金支持超过3亿美元。2014年10月24日，俄罗斯国家杜马（即国家议会下院）通过了政府提交的2015~2017年度国家财政预算。根据预算，俄罗斯政府将于2015年大幅增加对三家主要外宣机构的拨款。这三家媒体包括RT电视台、“今日俄罗斯”国际新闻通讯社和塔斯社。2014年RT获得的拨款额度为118.7亿卢布。在俄罗斯政府2015年的财政预算中，划拨给RT的中央财政支持达到了153.8亿卢布（按2014年年底卢布大跌前的汇率约合5亿美元），较上一年增长了29.5%。据玛格丽塔·西蒙尼扬介绍，新增拨款将主要用于开办法语和德语电视频道。

五、善于自我营销和炒作

RT非常注重营销推广的公司化运作。RT将美国著名的跨国4A广告公司“麦肯广告”作为宣传推广执行公司，专门策划大规模广告宣传。2008年，在RT的广告海报上，美国总统奥巴马被改成了伊朗总统内贾德的装扮，标题是“谁是最大的核威胁”，该海报在美国本土引起了强烈反响。RT还持续加大宣传推广经费，2014年前RT平均每年的全球宣传推广费达到了约800万美元。

在自我炒作方面，2014年3月初，RT的两位美籍女主播艾比·马丁和丽萨·沃尔先后在直播间“倒戈”，批评RT在报道乌克兰问题上的立场以及RT为俄罗斯的军事侵略行径辩护，同时宣布将辞去工作。但相当部分的媒体人士认为，这是 RT 的自我炒作，因为 RT 最不希望看到的就是自己被贴上“亲克里姆林宫”的标签。事实证明，马丁并没有提出辞职，也未被解雇。类似的自我营销手段在 2008 年俄格冲突期间曾使用过。RT 最大的推销员当属总编辑玛格丽塔·西蒙尼扬。出生于 1980 年的西蒙尼扬毕业于俄罗斯库班国立大学新闻系。2002 年进入克里姆林宫新闻团队，至 2005 年一直作为“俄罗斯”电视频道记者常驻克宫。RT 成立后，西蒙尼扬出任英语频道总编辑，同时负责阿拉伯语频道和西班牙语频道。2012 年俄罗斯总统选举期间，她曾加入普京的竞选团队。同年，入选由俄新社、“莫斯科回声”电台、《星火》杂志评选的“俄罗斯最具影响力女性”，排名第 33 位。西蒙尼扬经常通过微博发表对于国际热点问题的看法，并回应一些针对 RT 的指责。

六、大胆启用新人和外籍员工

成立之初，RT 只有 150 名员工，其中半数是英国人。目前，RT 员工总数已经超过 2000 人，其中英语频道就有 1000 多人，海外英文记者超过百人。在招聘员工方面 RT 认为，对新闻技能的掌握要易于对一门语言的掌握。因此，频道成立之初的大部分工作人员并不具备专业媒体所要求的新闻采编能力，但大都可以流利地使用英语，将英语作为工作语言。在新闻编辑方面，采用“双人编辑工作制”（1 名俄罗斯人 +1 名英国人）。两名责任编辑共同制订报道主题，以保证新闻报道的客观性和全面性。由 6 个小组负责 24 个小时的新闻制作，每个小组单设 1 名播出编辑，负责文稿、字幕等文字工作。RT 还高薪聘请高素质的主持人和编辑记者，重用英文水平、业务素质都较高的外国人和在国外成长的俄罗斯人。记者队伍以年轻人为主，平均年龄仅 30 岁。但采编人员的年轻化也带来了一定的问题。俄罗斯圣彼得堡国立大学新闻学教授、政治学博士拉布什认为，尽管 RT 目前在网络点击率和收视率方面取得了其他非西方媒体无法超越的成绩，但报道全球政治和经济问题的经验仍不足。早在 2009 年，Fox News 主播比尔·奥赖利就曾指责 RT 的出镜记者不专业，而且英语不过关。

七、重视应用新技术

RT 的所有节目的视频均达到了全高清标准。在莫斯科的演播室是俄罗斯首个全数字化制播平台，所采用的技术在欧洲处于领先行列。另外，RT 从全球 35 个国家招聘技术人才，还计划推出 3D 新闻播报和采用全景摄像技术。

第三节　从 RT 探究俄罗斯国际传播发展战略

一、打造和培育新的媒体品牌

为了反击负面国际舆论，打破西方媒体垄断国际“意见市场”的局面，俄罗斯政府近年来从打造媒体的国际影响力和品牌效应入手，采取重点培育新兴外宣媒体的战略举措，以此向世界及时阐明和传播俄罗斯在国际事务中的立场，重塑俄罗斯大国形象。

在和西方媒体争夺国际话语权的过程中，RT 一直是俄罗斯的先锋媒体。对 2008 年俄罗斯与格鲁吉亚冲突的报道，使 RT 名声大噪。RT 大量报道俄方立场，坚称俄军进入格鲁吉亚是基于人道主义。当时 RT 转播了 Fox News 的一段视频。一名生活在美国加利福尼亚州的南奥塞梯人参加 Fox 电视台的直播连线时感谢俄罗斯政府，但遭到了主持人的生硬打断。RT 就此分析说，美国对于南奥塞梯人民的利益根本毫不关注，美国的立场是虚伪的和自私的。该事件后，RT 在 YouTube 的点击率迅速增加，一些对 Fox News 持批评意见的观众转而成了 RT 的拥趸。因此，RT 经常被称为“反 Fox News 频道”。玛格丽塔·西蒙尼扬也不反对这一说法。

2014 年 4 月 26 日，美国国务卿克里在一次新闻吹风会上指责 RT 对乌克兰事件的报道不客观，存在主观臆测，歪曲了乌克兰的形象，并称该频道一贯宣传普京的“狂热路线”是俄罗斯政府财政支持的宣传机器。对此，俄罗斯外交部长拉夫罗夫反驳称，克里的指责是不可接受的和不文明的。他认为，克里的指责还可以有另外一种解读，即 RT 已经对 CNN 等西方媒体构成了真正的竞争，而后者一直被认为是全球范围内的信息垄断者。

圣彼得堡国立大学新闻系新闻史教研室教授、新闻学博士卢基扬诺维奇说：

> 目前俄罗斯与西方国家在媒体报道方面的竞争是为了向世界说明，俄罗斯有能力展示本国的价值取向，有能力证明任何一个国家（包括美国）都不可能掌控对新闻的垄断。

德国《每日镜报》写道：

> RT 是莫斯科对抗 CNN、BBC 的直接体现，而且非常成功。目前，RT 和俄罗斯的能源产品、军工产品一样，

成了非常有效的外交手段。

二、借力社交网络放大品牌效应

在社交网络兴盛的时代，外宣媒体想在短期内获得较大的国际影响力，仅凭自身的传播渠道显然非常困难，必须借力互联网和移动社交网络放大其品牌效应，影响“容易被影响的人”，即全球各地的年轻网民和非西方国家的受众。

针对这一新的传播现实，RT 力求通过推进媒体形态的融合来突破传统媒体有效落地门槛高、技术难的困境。

首先，RT 努力运营其官方网站（www.rt.com）。RT 官网的每月独特访客量约 2600 万，页面查看约 1.35 亿次，英文网近半数的访客来自美国（约 833 万）、英国（约 218 万）和加拿大（约 193 万）。

其次，考虑到无论是传统媒体还是新兴媒体在视频分享网站进行传播已经成为一种常态动作，RT 在“优兔”（YouTube）、“脸书”（Facebook）、“推特”（Twitter）等全球社交平台以及俄罗斯最大社交网站“接触网”（VK）均开设了公众账号。2007 年 7 月 4 日，RT 开始在 YouTube 发布视频节目，很快就进入了前 100 名频道排行榜。截至 2014 年年底，RT 在 YouTube 的订阅用户将近 218 万，浏览量将近 18 亿次。RT 经常将 YouTube 作为视频新闻发布的第一平台，并将视频链接地址嵌入电视台官网，大量发布独家视频新闻，比如 2007 年直播俄罗斯国家杜马（即议会下院）副主席奇加罗夫乘“俄罗斯”号核动力船在北极探险就吸引了大量粉丝的关注，直播日本海啸视频也使点击量激增。至 2012 年 5 月，RT 访问量超过了 7.27 亿次，攀升至第二位，仅次于 BBC（9 亿次）。2013 年 6 月 3 日，RT 成为全球第一个在 YouTube 点击率超过 10

亿次的新闻频道。在不到一周的时间里，报道西伯利亚流星爆炸的视频新闻的累计收看次数超过 3000 万，成为 2013 年度点击量最多的新闻视频之一。

RT 英语频道在 Facebook 的订阅用户大约 550 万，点赞量超过了 100 万，在俄罗斯媒体中居首位。RT 阿拉伯语频道在 Facebook 的点赞量超过了 300 万，是 CNN 阿拉伯语频道的 4 倍，是“France 24”阿拉伯语频道的 1.5 倍，是“DW”阿拉伯语频道的 7 倍。订阅用户主要集中在埃及、伊拉克和叙利亚。RT 在 Twitter 的订阅用户大约 180 万，在 VK 的订阅用户大约 22 万，VK 公众号每月的访问量达到了 5200 万次。

此外，RT 还在 2009 年创办了视频网站“Free Video”，为 185 个国家和地区的 16000 多个电视视频和新闻机构提供高品质的视频内容免费下载服务，形成用户规模之后，开始推行付费下载业务。

第四章
俄罗斯“外宣航母”：
“今日俄罗斯”国际新闻通讯社

2013年年底，普京签署总统令，对多个国家级媒体进行整合，并在俄新社、“俄罗斯之声”电台等媒体资源的基础上创立全新的国家级媒体——“今日俄罗斯”国际新闻通讯社（Rossiya Segodnya News Agency）。“今日俄罗斯”将具备全媒体形态，成为俄罗斯的“外宣航母”。

为了使“外宣航母”的定位与国家战略保持高度一致，根据总统令，通讯社的总裁任免由总统直接负责。由此可见，俄罗斯政府深刻认识到了国际传播能力作为国家“软实力”的重要性，并把它提高到了国家战略的高度进行顶层设计。

对于新成立的通讯社，一部分人认为，莫斯科希望利用RT的宣传模式和巩固其宣传效果，因此，新的通讯社被命名为“今日俄罗斯”。从组织结构和产品发布来看，“今日俄罗斯”通讯社与RT电视台并没有太多联系。但由于RT的成功，普京借用了RT的俄文名称（Россия сегодня），从国家层面深度整合媒体资源。另一部分人认为，政府的信息垄断将加强，将出现一个超级宣传机器。尽管评论人士对媒体整合的看法各异，但他们大都认为，这次大规模的媒体机构重组要早于预期，其原因是要在围绕乌克兰的媒体战中最大程度地发挥既有优势，强化对国际舆论的影响和提升国际话语权。

第一节 组建的战略意图

一、从国际政治方面考虑

如今，在塑造国家形象方面，媒体的作用愈发重要。普京连任俄罗斯总统后十分重视媒体的作用，一方面，加强媒体控制，整合传媒机构；另一方面，制订了一系列旨在包装政府形象、强化“软外交”的宣传计划。

在普京的总统令中，对俄新社和“俄罗斯之声”电台的撤销使用了“ликвидировать”这一词汇。该词有“停办”、“撤销”等含义。这难免让一些俄罗斯人有出乎意料和态度强硬之感。其实，撤销俄新社和“俄罗斯之声”的最终目的是打造一家宣传平台更加多元化、宣传方针更加符合国家利益的全媒体外宣（国际传播）机构。

“今日俄罗斯”旗下整合了多种资源，包括全球新闻采集平台（即通讯社）、广播、电视、多语种互联网站。确切地说，它不仅是一家通讯社，更是一个全媒体外宣（国际传播）集团。

时任俄罗斯总统办公厅主任谢尔盖·伊万诺夫这样解释普京有关组建新的媒体机构的决定：

> 总统的这个决定出于两个主要目的：一是合理使用政府拨付给国家媒体的预算资金，二是提高国家级媒体

的工作效率。

伊万诺夫强调：

> 俄罗斯奉行的是独立自主的政策，坚决捍卫国家利益。向世界说明这一点不容易，但这必须做到，而且可以做到。

俄罗斯媒体对此评论不一，但是比较多的评论员认为这是一种政治诉求，特别是在国际政治方面。俄罗斯不少评论员以《对基辅独立广场的回应？》、《对叙利亚局势的反击？》这样将疑问句作为标题的文章解读俄罗斯国家媒体资源的整合。文章认为，由于俄罗斯对外宣传长期以来主要依靠从苏联继承下来的陈旧体制，媒体外交工作成效甚微。在愈发纷繁复杂的国际政治背景下，普京需要一个能有力地为俄罗斯政府发声的外宣机构，而在过去一段时间没有一家媒体能够很好地履行媒体外交这一职能。与之形成巨大反差的是，西方媒体在历次"民主革命""颜色革命"中充当重要推手。

媒体分析人士一致认为，"今日俄罗斯"通讯社更强调国家利益，其主要目标是打破西方媒体独大的格局。通讯社总编辑玛格丽塔·西蒙尼扬（兼任 RT 总编辑）表示，在未来一段时期内，"今日俄罗斯"的目标是在国际议事日程中发布不同于大部分西方媒体的独家信息产品。她表示，无论是在国内问题、国际问题，还是西方世界内部问题上，"今日俄罗斯"都会发出不同的声音，将努力准确地、全面地、直接地向世界尤其是西方社会受众传递俄罗斯的立场与观点。为达成这一目标，"今日俄罗斯"将在保持俄新社、“俄罗斯之声”电台原有运作模式基础上，加大海外高素质传播人才引进力度，打造高质量的精品新闻产品，实现“国际化传播”。

可以认为，俄罗斯政府对媒体资源的整合使防御国家信息安全的“盾”更坚固，使争夺国际话语权的矛更锋利。俄罗斯圣彼得堡国立大学新闻系教授、政治学博士拉布什表示，俄罗斯领导层并不希望与西方发生媒体战，因为媒体战是更高层次的新闻斗争，是精神层面的，并以战胜对方为目的。但他同时强调，新闻媒体已经成为美国等国家的工具，特别是在利比亚事件、埃及事件和叙利亚事件当中。俄罗斯应该吸取冷战时期新闻传播领域的教训。当时新闻媒体没能守住价值观和报道原则，这是导致社会主义阵营和苏联解体的原因之一。

二、从人事方面考虑

根据俄罗斯总统普京的任命，俄罗斯著名媒体人、全俄广电公司副总经理德米特里·基谢廖夫担任“今日俄罗斯”国际新闻通讯社总裁，RT 电视台总编辑玛格丽塔·西蒙尼扬同时出任通讯社总编辑一职。

俄罗斯媒体普遍支持的一种观点是，原俄新社总裁斯维特兰娜·米罗纽克经常拒绝俄罗斯政府高层的“要求”，这引起了克里姆林宫的不满。普京借机将“自己人”德米特里·基谢廖夫安排在了新的“外宣航母”舵手的位置上。

米罗纽克执掌俄新社达十年之久，是一位在俄罗斯传媒界很有影响力、很受尊重的资深媒体人。在她的带领下，俄新社成长为俄罗斯实际上最有影响力的通讯社和多媒体集团。过去数年间，俄新社的主要工作原则之一是“以受众为导向，为受众提供他们感兴趣的资讯服务”。这样的工作原则使得俄新社在新闻报道中体现出以下特点：报道更加社会性，而非国家性；资讯观点多元化。相对其他亲政府媒体而言，俄新社的观点更自由。

在米罗纽克领导时期，俄新社提供的资讯服务深受民主派人士和高级知识分子的喜爱。不过，如果在俄新社的基础上建立外宣集团，米罗纽克显然并不是普京的中意人选。普京需要的是更保守、与政府关系更紧密的、更可靠的人。

德米特里·基谢廖夫就是这样的人。他曾表示，重塑国际社会对俄罗斯的公正态度，让大家把俄罗斯视为有良好意愿的重要国家，这是他领导的新机构的使命。俄罗斯媒体普遍认为，基谢廖夫被任命为“今日俄罗斯”通讯社总裁，这是俄罗斯媒体保守派对自由派的胜利。

三、从财政方面考虑

除了国家政治需求、人事考虑，不得不提的就是俄罗斯政府“优化财政配置”的要求决定了这次媒体调整。

根据普京的总统令，成立“今日俄罗斯”通讯社只是这一轮媒体资源整合的一部分。根据总统令，“俄罗斯之声”电台被裁撤，其资产并入“今日俄罗斯”国际新闻通讯社；俄罗斯国家广播电视基金会被裁撤，其资产并入全俄广电；俄罗斯图书局被裁撤，其资产并入塔斯社。被撤销的三家传媒机构均为联邦预算单位，其资金来自联邦政府的直接拨款。调整后，三家机构被并入了国有（单一制）媒体企业。原有的拨款规模是否将保持目前还不明朗。但有一点是肯定的，即俄罗斯政府要求“今日俄罗斯”国际新闻通讯社综合有效地利用政府用于外宣的财政拨款。

“今日俄罗斯”通讯社总裁由俄罗斯总统直接任命。普京还要求俄罗斯联邦政府研究把“今日俄罗斯”列入“国家战略企业”名单。这意味着“今日俄罗斯”通讯社将在人力、资金、信息发布等方面得到俄罗斯政府最高层更多的关注和支持，这有利于提升其在国际舆论斗争中的竞争力和影响力。值得一提的还有，在前几年西方媒体纷纷减少预算的背景下，RT、塔斯社、全俄广电等联邦级新闻媒体得到的国家财政拨款有增无减。2013 年 7 月，普京视察 RT 总部时指出，要努力打破盎格鲁—撒克逊媒体对国际舆论的控制和垄断。2013 年 10 月，普京曾反对缩减政府对 RT 的财政支持。当年 RT 获得的政府财政支持是 112 亿卢布（约合 3.5 亿美元）。2011 年 3 月，美国时任国务卿希拉里·克林顿曾说过，国务院需要更多的资金，以在全球范围内推广美国的价值观，因为美国已经处于信息战之中，而且正在输给包括 RT 在内的外国英文媒体。

四、其他因素

普京选择以俄新社和“俄罗斯之声”电台为基础打造新的“外宣航母”，还有以下几点原因：

首先，70 多年来，外宣一直是俄新社的主要工作方向。即便是在定位为综合性通讯社之后，俄新社也比俄罗斯其他通讯社和主流媒体更加关注外宣业务。“RT”电视台在成立之初仅仅是俄新社的一个外宣电视频道。

第二，俄新社是俄罗斯传媒界公认的技术领头羊。特别是在新媒体业务方面，俄新社不惜投入巨资。这为未来的“外宣航母”提供了较好的技术基础。

第三，“俄罗斯之声”电台是一家老牌外宣机构，近年来做了大量的境外本土化尝试。将“俄罗斯之声”并入“今日俄罗斯”，一方面，有利于俄罗斯政府更加统一高效地管理各种形态的外宣媒体；另一方面，“俄罗斯之声”的境外传播平台和多年的外宣经验是新的外宣媒体集团所需要的。

第二节　组织架构

一、俄新社

俄罗斯新闻通讯社（简称“俄新社”）的前身是苏联新闻社。苏联新闻社创建于 1941 年，直属苏联人民委员会和苏共中央委员会。1961 年，在苏联新闻社基础上创建“新闻出版社”，其主要工作目标是向海外传播关于苏联的正面信息，向苏联人民介绍国外人民生活和促进国家间的相互理解、信任和友好。1990 年 7 月，苏联总统戈尔巴乔夫在新闻出版社的基础上创建新闻通讯社。次年 9 月，俄新社正式成立，并被定位为综合性通讯社。

最近十年，俄新社的发展极其迅猛。作为国家通讯社之一，俄新社加大了采编力量的培养，在全球各地开设 40 多家分社、代表处和记者站，在包括北京在内的多个城市设有新闻中心，定期举办各类新闻发布会。改组前的俄新社已超越塔斯社，成为俄罗斯最大的新闻通讯社。从俄罗斯主要通讯社和主流媒体在华分支机构的工作情况来看，俄新社的媒体活动频率、层次和影响力远在其他媒体之上。

从改组情况来看，俄新社的组织结构和形式没有发生大的改变，改组工作主要以其旗下的子媒体重组为主。两家子媒体——经济金融领域专业媒体“Prime”和法律领域专业媒体“俄罗斯法律法制新闻社”已经被改组。其中，“Prime”将转由塔斯社管理经营，后者则被改制为一个独立的非商业机构，资金来源由其自身解决。俄新社的官网已经成为“今日俄罗斯”国际新闻通讯社目前的官方网站，沿用原网址（www.ria.ru）。

二、“俄罗斯之声”电台

随着“俄罗斯之声”电台的并入，“今日俄罗斯”国际新闻通讯社的产品形态进一步丰富，从而实现了全媒体传播。

成立于1929年的“俄罗斯之声”电台，是全球第一家国际广播电台，也是俄罗斯历史最悠久的电台。其任务是向国际社会介绍苏联和俄罗斯的社会发展进程，以俄罗斯的视角报道国际事件，与全球俄罗斯族同胞进行对话，推广俄罗斯文化和俄语。在业务最活跃时期，“俄罗斯之声”电台曾使用70种语言制作节目，通过中波、短波、调频、卫星、互联网和移动网络等方式传播，拥有1亿多受众，遍及160个国家和地区。近年来，电台做了大量境外本土化尝试，并得到高层支持。2011年，“俄罗斯之声”的华盛顿节目制作室落成，实现本土化制播。制作室落成后仅一个月，俄罗斯外长谢尔盖·拉夫罗夫在访美期间专程到制作室参观并接受了专访。在俄罗斯高层看来，传统广播在不少地区媒体市场的作用依然可观，广播在未来一段时期内仍是俄罗斯外宣的重要平台之一。

2014年4月1日，“俄罗斯之声”电台正式并入“今日俄罗斯”国际新闻通讯社，作为通讯社旗下电台运营。电台官方网站已经停运，网站内容和网上直播节目以新设频道的形式转至俄新社网站，不再单设网站。并入“今日俄罗斯”通讯社初期，“俄罗斯之声”电台保留了俄语、汉语、英语、德语、法语、西班牙语、阿拉伯语等18种语言，节目并没有发生大的变化，“俄罗斯之声”的电台呼号仍继续使用。“今日俄罗斯”通讯社确认，“俄罗斯之声”电台 2014 年的预算基本没有缩减，包括海外本土化项目在内的大部分项目都得到了保留。

整体而言，新的“今日俄罗斯”国际新闻通讯社并未如外界预料般进行大刀阔斧的改革。俄新社和“俄罗斯之声”电台基本保留了原有运行机制和运作团队。这基本符合普京签署改革命令的初衷，即在不增加新的资源前提下实现国际传播的高度可控和效率最大化。

第三节　海外布局与本土化运作特点

一、对内传播以俄新社为主

从媒体品牌和媒体影响力等角度考虑，在新的媒体集团内，俄新社的称谓（RIA Novosti）仍被保留，主要面向国内传播。由于俄新社曾是俄罗斯媒体规模和市场份额最大的通讯社，机构庞大且组织形式相对成熟，因此，官方宣布改组以来动作幅度并不大，力求在保证稳定的基础上进行循序渐进的改革。“今日俄罗斯”国际新闻通讯社总编辑玛格丽塔·西蒙尼扬确认，俄新社旗下大部分子媒体以及已经开展的各类项目均会得到保留。

在这次媒体改组过程中，如何利用现有的媒体品牌和维护现用媒体的品牌价值，并在此基础上实现媒体融合，这是困扰基谢廖夫等高层的严峻问题。媒体从业者和分析人士认为，如果完全取消俄新社，可能导致俄罗斯媒体在国际传媒界的严重损失。一直到 2014 年年底，“今日俄罗斯”高层才确定保留俄新社这一品牌，将俄新社与“卫星”通讯社作为对内和对外传播的两个主体。

二、对外传播以“卫星”通讯社为主

“卫星”新闻通讯社（Sputnik）于2014年11月10日正式登陆世界媒体市场。“卫星”通讯社以俄新社和“俄罗斯之声”电台的海外站点为基础，经过整合而成。在北京、华盛顿、伦敦、巴黎、布宜诺斯艾利斯、伊斯坦布尔、迪拜、德里、赫尔辛基、柏林、里约热内卢和贝尔格莱德等12座城市设立了规模庞大的新闻采编中心。在原苏联成员国都均设有地区采编中心。

“卫星”通讯社认为，每个国家都有自己的民族利益、文化、历史和传统。“卫星”通讯社旨在展现一个多极化的世界。在通讯社中文网站上这样写着：

> “卫星”通讯社敢于报道其他媒体缄口不言的事件，集多样化新闻内容供应商和广播公司于一身，具有独特地位。

由此可见，“卫星”通讯社不仅注重本土化传播，而且重视面向所在国市场开发新闻产品和文化产品。

按照2015年的发展规划，“卫星”新闻通讯社将使用30种语言在34个国家发布新闻和文化产品，将在130个城市（主要是首都城市）开设在线广播，总播音时长超过了800个小时。“卫星”通讯社使用的语言包括汉语、俄语、阿布哈兹语、阿塞拜疆语、英语、阿拉伯语、亚美尼亚语、格鲁吉亚语、达利语、西班牙语、哈萨克语、克里米亚鞑靼语、吉尔吉斯语、库尔德语、拉脱维亚语、摩尔多瓦语、德语、塔吉克语、波兰语、葡萄牙语、普什图语、塞尔维亚语、土耳其语、乌兹别克语、乌克兰语、芬兰语、法语、印地语、爱沙尼亚语和日语。“卫星”品牌已推出汉语、英语、西班牙语、阿拉伯语信息专线，全天候发布新闻资讯。驻北京、华盛顿、开罗等重点城市的地区级编辑部采用一周7天、每天24小时的工作制。目前，北京编辑部每天发布4小时的汉语广播节目。

“卫星”通讯社的海外受众主要分为三类：第一类为外国媒体，即向各国媒体提供有关俄罗斯的资讯，成为各国媒体在俄罗斯的主要信息源；第二类受众是各国的精英阶层，即政治、经济和文化人士；第三类受众是普通民众。这三类受众的重要程度依次递减。“卫星”通讯社在全球广泛布点并使用所在国母语发布新闻产品的目的在于客观、公正、有原则地报道世界和俄罗斯的重要新闻，这将有效减少各国采用欧美媒体发布的有关俄罗斯的新闻的数量。按照发稿计划，通讯社每月发稿量不低于3000条。其中20%为各子媒体提供的国际新闻；30%为总部提供的俄罗斯联邦重大政治方针措施、全球热点资讯和原创节目等；其余50%内容为结合当地特色、本土化采集制作的节目。

另外，鉴于俄罗斯主导的欧亚一体化进程的加快，通讯社将在乌克兰、白俄罗斯、哈萨克斯坦等原苏联国家设立地区广播中心。按照“卫星”通讯社中文网发布的简介信息，成立地区广播中心的目的主要体现在以下五个方面：（1）树立积极正面的俄罗斯新闻传媒形象，加深俄罗斯媒体在当地媒体的渗透性，尽最大可能促进和加强俄罗斯媒体与当地媒体的融合；（2）向该地区非俄语受众传递当地、俄罗斯、国际以及双边新闻；（3）向核心受众传递俄罗斯在后苏联时期努力与该地区各国发展互惠合作双边关系的信息；（4）构建并支持一批对俄罗斯保持积极态度的专家、学者及媒体记者团队；（5）整合该地区新闻媒介思想，集中抵制外部世界渗透的异己想法和极端民族宗教主义思想。

另外，“今日俄罗斯”通讯社将加强海外摄影记者队伍建设，计划把国外摄影团队编制扩大一倍，以达到最大限度地从世界各地快速获取最新的图片新闻，建成俄罗斯最大的图片库。2014年，“今日俄罗斯”通讯社已经将每日发布的图片资料从600张增加到了1000张。

三、“今日俄罗斯”通讯社的发展策略

随着“俄罗斯之声”的并入，“今日俄罗斯”通讯社的业务构架完成了全媒体转换。未来一段时间，将进入资源的深度整合和重新分配阶段。但是，在当今的国际形势和媒体现状下，“今日俄罗斯”如何突围而出并不是简单的政治设计能够解决的。

（一）打造强有力的对外传播机构，争夺国际话语权

在加强对外传播方面，“今日俄罗斯”通讯社将完成三项主要任务：（1）参与当地新闻舆论的形成；（2）对当地受众热议话题进行迅速反应；（3）用准确的当地语言进行传播表达。

如今，“今日俄罗斯”通讯社的新闻中心已经发展成为俄罗斯媒体平台访问量最大的一家。在报道新闻的同时，“今日俄罗斯”通讯社还将“制造新闻”列入发展战略。“今日俄罗斯”新闻中心每年要举办1500多场新闻活动，参加者包括国家官员、商界代表、政治经济评论人士及外国嘉宾。这在一定程度上增强了俄罗斯设置国际议事日程和引导国际舆论的能力。

（二）集纳多形式发布终端，实现全媒体传播

“今日俄罗斯”通讯社是一个集合了报纸、杂志、广播、电视、网络等多种媒体形态的外宣媒体集团。各海外分社必须维护各自对象国语言网站和各类新闻平台、终端，拓展移动终端业务；通过各自的新闻发布平台，定期组织各类新闻发布会或与其他海

外采编中心联合组织各类主题的视频连线会议。

（三）实现全球布局

根据“今日俄罗斯”公布的发展计划，通过12个设立在全球主要城市的新闻中心将实现全时区覆盖。俄罗斯一些重大的官方活动及官方信息将经常通过这些新闻中心发布。各海外采编中心的工作目标和原则非常明确：保障对对象国重大事件的客观报道；根据所在国用户的具体需求制作相应的新闻产品；定期、积极、全面报道俄罗斯的政治、社会新闻；力求将“今日俄罗斯”通讯社打造成俄罗斯和国际市场上最具影响力的新闻来源之一。

第五章
俄罗斯媒体国际传播案例分析

近十年来，随着综合国力的不断恢复，俄罗斯在国际舞台上的动作越来越积极，影响力也随之慢慢复苏。在这个过程中，经济实力的提升无疑是最根本的因素，而对俄罗斯国际影响力的恢复带来直接动力的，则是俄罗斯富有成效的国际传播。这其中，以“RT”电视台和“今日俄罗斯”通讯社（包括其前身俄新社）为代表的俄罗斯媒体可以说功不可没。他们在涉及国家核心利益和地缘政治利益的问题上、在俄罗斯组织的大型国际性活动中，抓住重点向西方媒体占主导的世界舆论格局提出了挑战。虽然在这些实践中远远不是每一次都富有成效，但俄罗斯媒体的这些传播实践经验仍然值得借鉴。

诚如《每日镜报》所写，“RT”电视台是莫斯科对抗 CNN 和 BBC 等西方媒体的直接体现，已成为俄罗斯非常有效的外交工具。从俄罗斯与美欧间的媒体交锋史来看，各个历史时期都会出现先锋媒体。当然，这和俄罗斯与西方国家关系的发展历程是密不可分的。

第一节 国际关系的战略定位决定了“媒体战”不可避免

可以说，今天针对俄罗斯执政集团的媒体战具有历史“传承性”。

从历史上来看，西方国家发动的针对俄罗斯的媒体战由来已久。向前可以追溯到19世纪初。拿破仑在对俄战争前就曾发动宣传战。在战事开启前的几个月内，法国媒体称，沙皇亚历山大一世将按照彼得大帝的遗训不断开疆拓土，向西占领新的领土。法国以此为剑指俄罗斯创造舆论条件，进而获得发动战争的合法性并赢得了民众的支持。

俄罗斯独联体国家研究所所长康斯坦丁·扎图林认为，自克里米亚战争（1853~1856年）以来，西方一直将俄罗斯认定为敌手，这种状况至今没有改变。对西方来说，“一切都是俄罗斯的错”。

俄罗斯地缘战略研究中心负责人莱昂纳德·伊万绍夫认为，对于盎格鲁—撒克逊文明来说，俄罗斯文明有着另外一种世界观，提倡建立新的世界秩序。

在谈到目前西方针对俄罗斯的制裁时，伊万绍夫说：

> 从经济角度看，欧盟采取的制裁措施并非十分有效，但他们仍旧采取这一措施。这是为了在社会舆论中“维护”俄罗斯的负面形象，并向民众灌输这样一个逻辑：既然采取了制裁措施，这就说明俄罗斯是敌人。

此外，俄罗斯政治评论人士认为，美欧采取的对俄制裁措施有利于转嫁其国内矛盾。

在苏联解体过程中，媒体战更是起到了催化剂的作用。冷战时期，美国中央情报局制定了针对苏联的瓦解计划，试图通过改变苏联人的思维方式来摧毁这个国家，进而形成了一门新的情报部门内部学科——“克里姆林宫学”。俄罗斯学者认为，苏联解体造成的心理危机更甚于二战造成的创伤，因为苏联解体的最严重后果不在于经济和政治危机，而在于俄罗斯人失去了思考方式，抛弃了原本坚守的思想。对于俄罗斯民族来说，在完成自我背叛后却没有获得自我解脱，这是最大的不幸所在。

俄罗斯政治分析人士认为，美国和英国是媒体战的主要发动者，其目的有两个。

第一个目的是阻碍俄罗斯的发展步伐，尤其是阻碍欧亚一体化进程。21 世纪的最初 10 年是俄罗斯恢复元气的历史时期。自 1999 年至 2009 年，俄罗斯国内生产总值增长了 7 倍，经济规模达到了英国的水平。国家财政预算增加了 13 倍，俄罗斯偿还了拖欠西方国家的所有外债，黄金储备占世界第三，成为世界第三大粮食出口国。随着关税同盟的成立，近年来俄罗斯加快了原苏联区域内的一体化进程。这 10 年间俄罗斯的发展态势类似于 20 世纪初沙俄的发展进程。当时欧洲智库向各国政府发出警告，如果不限制俄国的发展，1925 年或者 1930 年前这个国家将成为可以抗衡整个欧洲大陆的大国。之后，英国和法国力争将沙俄卷入对德战事，继而支持布尔什维克推翻沙皇，尽管英国和法国从骨子里认定红色苏维埃是更可怕的敌人。

2011 年，俄罗斯完成了对有关总统和国家杜马选举的法律的修改。总统任期增至 6 年，国家杜马换届选举增为 5 年一次。任期的延长说明执政团队对国家的控制力将加强。如果普京 2012 年当选总统，可以预料的是，2018 年之前俄罗斯的对外政策走向不会发生大的变化。所以，自2008年俄格冲突后，西方借助代理人和自由派媒体开始着力渲染俄罗斯对能源出口的依赖，将普京的政绩更多地与国际高油价挂钩，并在人权领域将21世纪最初10年称为“失去的十年”。此外，通过支持梅德韦杰夫带有自由化的政治倾向，分化“梅普组合”。在西方的资助下，自由派媒体在2010年年初启动了“俄罗斯无普京”行动，在著名的“YouTube”等网站发布反对普京的歌曲和反普京的抗议游行片段，企图在俄罗斯推动“颜色革命”。西方国家认为，如果把普京赶下台，将改变俄罗斯以及全球的历史进程。

美国和英国发动媒体战的第二个目的是分化俄罗斯与欧盟，阻碍俄加入欧洲一体化进程。如果俄罗斯顺利加入欧洲一体化进程，则欧洲的地缘战略地位将重估，美国与欧洲的现有关系将失衡，二战后国际秩序将重写。美国一直向欧洲国家灌输俄罗斯是敌人和异教徒的想法，并通过国际问题和国际对抗将俄罗斯打造成敌人和异教徒的形象。参加2012年美国总统大选的共和党候选人罗姆尼公开称俄罗斯是美国的“头号地缘政治敌手”。有分析称，在现今的全球政治经济环境下，美国政界不断发出类似言论其目的还在于分化“金砖国家”集体，将俄罗斯排除出全球政治和经济发展的主流。

西方国家在推翻利比亚卡扎菲政权的过程中充分利用了信息战。据俄罗斯媒体报道，西方媒体在中东某国搭建了模拟利比亚首都的黎波里的街景，拍摄联军攻击和占领城市的画面并播出，这从心理层面瓦解了利比亚各地政府军的斗志。俄罗斯媒体甚至猜测，西方国家可能已经开始在中东某地搭建模拟莫斯科的街道了。如此做法是“信息恐怖主义”。俄罗斯的政治分析人士认为，实现国家的民主化是必然的过程，但西方企图通过移植的方式实现断代史式的发展是行不通的，伊拉克和阿富汗的例子已经充分说明了这一点。媒体发展也是这样。西方国家利用具有代理人性质的媒体、互联网、非政府组织和被资助的博客写手的做法的目的很明显——不是为了促进俄罗斯社会和媒体的发展，而是搞乱这个世界上最大的国家。

第二节　具体案例

一、基于地缘政治利益的“媒体战”

21 世纪的前 15 年是世界格局发生显著变化的历史时期。全球各大经济体发展轨迹的不同，直接促使了区域性历史问题的重新发酵，全球地缘政治格局不断变化。地区形势也在这一大背景下显得或动荡或恶化。这其中，俄罗斯周边的地缘政治格局变化最受人关注，其承载的全球性意义也显得最为重要。

21 世纪以来，俄罗斯周边与地缘政治利益联系密切的重大政治事件可以说在连续不断地发生。无论是世纪之初的“颜色革命”，还是近年来中东地区的“阿拉伯之春”，无一不在触动着俄罗斯敏感的神经。

经历了数十年冷战的俄罗斯，对于地缘政治的变化缺乏足够的安全感。在苏联解体的头十年，俄罗斯人难以顾及这种不安，因为那十年摆在他们面前的难题是如何挽救国内濒临崩溃的经济。不过，当经济实力实现了复苏，普通百姓不再“受冻挨饿”之后，俄罗斯便不会任由这种不安情绪随意滋生而无动于衷了。取而代之的是积极地、正面地与西方展开舆论交锋。

（一）乌克兰问题

乌克兰问题并不是2013年年底才突然爆发的偶然性事件。早在2004年，亲西方的尤先科和季莫申科就在欧美势力的支持下，在乌克兰策划发动了所谓的“橙色革命”，并得到了对国家命运的掌控权。不过，乌克兰的政局并没有因为亲西方力量的上台而稳定下来。2010年，亲俄的亚努科维奇击败季莫申科当选新任总统，乌克兰暂停了加入欧盟的进程。这引发了乌克兰国内欧洲一体化进程拥护者的愤怒，反当局的情绪被亲西方势力利用和发展，最终引发了政治危机。

当然，2013年年底爆发的政治危机与2004年年底的“橙色革命”虽然联系紧密，但也有很多不同之处，尤其是俄罗斯的应对。2004年“橙色危机”爆发时，俄罗斯经济虽然已经展现出走出低谷的趋势，但仍然处于低谷，对于乌克兰以及高加索地区所发生的一切没有太多精力顾及。因此，当时的俄罗斯主要只是对乌克兰、格鲁吉亚发生的“颜色革命”表示了谴责，除此之外并无太多实质性的应对动作。而2013年则完全是另外一种光景。随着综合国力的提升，俄罗斯已经有了更多的底气和需要与欧美“掰手腕”。就像2014年普京接受克里米亚半岛并入俄罗斯的请求时所说的那样，俄罗斯原本希望与西方展开平等且相互尊重的对话与合作，但是十多年来西方一再欺骗俄罗斯。事实真相暂且不论，至少在俄罗斯看来，如今强硬回应西方在自己家门口的“挑衅”已经具备了可能性和迫切性。所以，在应对乌克兰危机上，俄罗斯媒体尤其是国有媒体从国家利益出发发动的与西方的舆论战声势就大了很多。

在报道乌克兰变局的过程中，以“RT”电视台、“今日俄罗斯”通讯社为代表的俄罗斯媒体的报道立场是一贯的，即乌克兰政权更迭是政府无力应对极端民族主义势力的后果，亚努科维奇政权和取而代之的新政权均未能阻止极右势力的冲击，包括克里米亚在内的地区要求加入俄罗斯或寻求独立是为了抵御极端暴力分子的袭击，保障正常的社会秩序。大部分俄文媒体坚持称乌克兰的政权更迭为“国家政变”。

在乌克兰政局动荡初期，俄罗斯媒体大量报道了基辅独立广场集会者的暴力行径以及由此导致的警务人员伤亡情况。RT 播发了大量的现场报道，如只配备盾牌和警棍的来自克里米亚的警察遭受袭击的画面以及当事人的回忆。报道通过受害警务人员家属的痛苦反映暴力政治变革带来的严峻社会问题。而“今日俄罗斯”通讯社则制作了大量图片专题，内容也几乎全是示威者如何“挑衅”警方。除了报道在基辅的广场乱局以外，俄罗斯媒体还强调这一“暴力政变”已经影响到了乌克兰其他地区。在 RT 播放的视频中，克里米亚地区的民众表示，将以开放的心态欢迎各地旅游者，但坚决不接受对人格的辱没。塞瓦斯托波尔的居民称，为了抵抗激进分子和保卫平静的生活，要求加入俄罗斯。此后，在有关乌克兰局势的专题报道中，RT 播放了激进分子在罗夫诺州政府机关殴打检察官以及逼迫沃伦州州长下跪的视频。报道中补充说，正是来自独立广场的极端民族主义者煽动了在这两个地区的动乱。在报道鞑靼人支持乌克兰国家领土完整的集会时，RT 称集会者使用了乌克兰备受争议的极端民族主义者、二战期间曾与纳粹合作的斯捷潘·班杰拉的旗帜。其潜台词是，鞑靼人举行集会的目的并非捍卫乌克兰的主权，而是宣泄自己的极端民族主义思想。此外，RT 还报道了“全乌克兰自由联盟”的极端民族主义色彩以及欧洲议会对该组织的指责。这一系列报道的倾向性虽然很明显，但是在内容上体现了与西方媒体的完全对立。报道刊发之后，国际舆论中对于乌克兰当局以及俄罗斯的指责声音有所减少。

值得一提的是，俄罗斯媒体的对外传播报道在某些重要的时间节点对于推动局势的发展起到了重要作用。乌克兰反对派组建新政府后，解散了在此前的示威游行中与反对派团体对抗的乌克兰“金雕”特种部队。当时，乌克兰媒体和西方媒体对“金雕”特种部队“在对抗人民方面的恶行”进行了大规模报道，对“金雕”特种部队成员进行了严酷的指责。相对应的，俄罗斯媒体对乌克兰反对派将“金雕”特种部队成员押解至基辅独立广场下跪等相对残酷的新闻事件进行了集中报道，而且对俄罗斯政府决定向那些无辜的、有意愿和需要的前“金雕”特种部队成员颁发俄罗斯护照，并且在生活上提供帮助一事进行了大规模报道，俄罗斯电视台还对俄罗斯驻克里米亚领馆给第一批乌克兰人颁发俄罗斯护照进行了直播。在对同一个新闻事件的报道上，俄罗斯媒体给出了完全不同于西方媒体的叙事角度。而最终的传播效果是：乌克兰东部亲俄居民以及那些遭到反对派“迫害”的体制内无辜者对俄罗斯充满了感激，不少前“金雕”特种部队的官兵甚至成为克里米亚自卫队的中间力量，对于最终克里米亚并入俄罗斯起到了重要作用。

事实上，自乌克兰政局开始动荡以来，俄罗斯与西方国家的媒体报道就一直针锋相对。例如，BBC 等西方媒体将乌克兰东部和东南部地区的亲俄武装分子称为“武装分裂势力”，而俄方媒体则称其为“民兵组织”。英国《金融时报》2014 年 3 月 3 日发表署名文章称，“克里姆林宫趾高气扬、裸露上身的领导人”并未从在历史上输掉的战争（指阿富汗战争）中汲取教训，普京的作为“会让俄罗斯（乃至美国）公众产生某种怀旧的激动，但总有一天他们将会哀叹他的愚蠢”。

在对一系列乌克兰事件的报道中，俄罗斯和乌克兰两国媒体的报道口径也截然相反。以 2014 年 6 月 2 日乌克兰东部的卢甘斯克州州政府大楼遇袭事件为例。俄方称大楼遭到乌克兰政府军空军打击，飞机投放的集束炸弹造成五名平民死亡。但乌克兰媒体报道称，武装恐怖分子使用肩扛式防空武器不慎，导致误袭大楼。双方媒体均引用了目击者的言论，致使受众难以判断事件的真相。

图 5–1　俄罗斯媒体关于乌克兰问题的报道

此外，俄罗斯媒体还针对欧美媒体的一些故意歪曲报道进行了重点反驳。比如，在克里米亚做出并入俄罗斯的决定前，大批亲俄民众在克里米亚半岛的政治中心辛菲罗波尔和俄罗斯黑海舰队驻扎地塞瓦斯托波尔举行和平集会，呼吁当地政府作出并入俄罗斯的决定。欧美媒体在报道这一事件时采取了与基辅集会完全不同的报道角度。基辅集会时，欧美媒体报道重点集中在集会民众如何和平请愿上；而在克里米亚集会的报道中，欧美媒体则通过运用图片拍摄角度等技术处理，将和平集会描绘成异常混乱和紧张的对峙。为了揭穿欧美媒体的刻意抹黑，俄罗斯媒体将基辅集会与克里米亚集会进行了图片对比。“今日俄罗斯”通讯社在社交媒体上发布了一张对比图片（见图 5–1）。图片左侧的克里米亚集会秩序井然，而图片右侧的基辅广场硝烟未散一片狼藉。图片说明非常简洁，左侧写着“塞瓦斯托波尔，激进的分裂者”，右侧写着“基辅，和平抗议示威者”。在整张图片的最底部，作者做了一个简短的标注：“双重标准看上去就是这样”。图片内容搭配简短且完全对立的图说，极具讽刺意味，对于揭露欧美媒体的歪曲报道以及扭转舆论战局面起到了很好的效果。

2014 年 7 月马来西亚航空公司的 MH17 客机在乌克兰坠毁后，俄罗斯面临着来自西方的巨大舆论压力。对此，“RT”电视台迅速做出反应，不断释放出各种声音：17 日，先是报道称“MH17 客机的飞行路线与俄罗斯总统普京所乘专机当天的飞行路线几乎一样”，暗指普京专机才是袭击目标，虽然此消息很快就被 RT 自己“辟谣”，但还是引来了高度关注；随后 RT 通过采访俄罗斯军方人士向外界宣告，没有任何地空导弹或其他俄方武器从俄罗斯进入乌克兰；紧接着，以报道的形式质疑乌克兰政府此前指责民兵武装击落客机的证据“造假”。这些报道有力地引导了围绕坠机事件的国际舆论，在一定程度上缓解了俄罗斯面临的舆论压力。

在报道方式上，RT 主要采用专家访谈的形式对乌克兰局势的进展进行解读，提供不同于欧美媒体的观点。从具体内容上看，

RT 的报道主要有以下几个特点。

第一，立场明确，认为乌克兰政府应为国内局面承担主要责任。RT 对乌克兰政府就国内局势采取的政治和军事手段的报道较为客观，但借助专家解读向受众传递一个明确的信息，即以乌克兰总统波罗申科为首的基辅当局必须为国内局势的动荡承担主要责任。RT 将乌克兰政府持续不断的军事行动归结为一个简单的逻辑——以升级军事打击的手段掩盖国内经济窘境，博取西方贷款以避免国家破产。此外，RT 认为，波罗申科在这条路上已经越走越远，只能继续“演”下去。2015 年 2 月 7 日，RT 发布了一条题为《波罗申科的又一秀：带着俄罗斯护照赶赴慕尼黑》的视频新闻。在新闻中，波罗申科在慕尼黑安全会议上展示了多本俄罗斯护照和军人证件，称这是从“入侵”乌克兰东部的俄罗斯士兵身上缴获的，是俄罗斯出兵乌克兰的证据。他呼吁国际社会支持基辅对抗分裂武装。对此，RT 没有正面回应，而是提出一个疑问：“士兵和特种兵执行任务有必要随身携带证件吗？”RT 还提到，在达沃斯论坛上，波罗申科曾展示了据称被武装分子袭击的带有弹孔的公共汽车车身碎片，这次在慕尼黑是他的“下一秀”。接下来，RT 话锋一转，切入了采访俄罗斯政治信息中心主任穆欣的内容。穆欣的观点是，展示这些“证据”是为了争取西方的财政援助，其最终目的是为了避免乌克兰国家财政的破产。如果国家遭遇破产，波罗申科本人和总理亚采纽克都将对此承担直接责任，这将直接导致基辅现政权的倒台。RT 还不忘提醒观众，在历史上不乏展示伪证的先例，例如 2003 年美国针对伊拉克有关研制大规模杀伤性武器的举证。

第二，突出美国的角色。2015 年 2 月 2 日，RT 发布了一条新闻，题为《奥巴马承认美国在乌克兰政权更迭中的中间人角色》。新闻援引奥巴马接受CNN采访的话说，“普京先生批准关于克里米亚和乌克兰的决定不是因为他有某种宏大战略，其实是因为继独立广场的抗议和亚努科维奇出逃之后，我们承担起了乌克兰政权过渡中间人的角色”。在该新闻中，RT还采访了美国罗恩·保罗研究所所长丹尼尔·麦克亚当斯。他认为，乌克兰此番动荡是2004年美国支持的“橙色革命”的延续，因为美国国务院发言人维多利亚·纽兰曾明确说过，华盛顿提供了50亿美元以支持乌克兰的民主进程：

> 毫无疑问，美国在财政方面支持“橙色革命”，纽兰和国务院在乌克兰政权更迭过程中发挥了很大作用。

第三，突出乌极右势力的角色。2014年2月初，乌克兰基辅政治和冲突学研究中心专家米哈伊尔·波格列宾斯基接受RT采访时表示，乌克兰的亲法西斯、亲纳粹极右翼势力已经介入国家政治发展进程。他指责西方国家有意忽视这一严肃问题，“在极端民族主义分子仍是他们的反俄盟友时，这一现象是不会引发关注的”。另外，2014年2月2日RT发布了有关前车臣叛军首领伊萨·穆纳耶夫在顿涅茨克被民间武装组织击毙的消息。新闻介绍称，穆纳耶夫曾作为叛军指挥官参加了两次车臣战争，之后逃亡至丹麦。自2014年开始参加针对乌克兰东南部平民的武装行动。他在一次接受采访时说，参加乌克兰境内的军事行动是为了向支持车臣独立的乌克兰人民的“优秀子女”还债。由此可以引申出，乌克兰政府军吸收了不同的反俄罗斯武装力量，甚至包括恐怖分子。因此，基辅当局在东部地区采取军事行动的性质受到质疑，乌克兰政府军的正义性同样受到质疑。

第四，突出西方的双重国际标准。在报道克里米亚地区脱乌入俄时，RT 采访了美国卡耐基基金会的专家大卫·斯皮迪。斯皮迪说：

> 如果科索沃的独立是合法的，而克里米亚的做法是非法的，那么，就产生了双重标准。

与此同时，RT 指责美国的乌克兰政策并未考虑到历史事实、俄乌关系的复杂性和现实性，呼吁美国政府要看到俄乌关系的文化和历史因素，称考虑俄罗斯的利益并不等于压缩美国利益。

（二）2008 年俄格冲突

在很多研究国际传播的学者眼中，对 2008 年 8 月爆发的俄罗斯与格鲁吉亚间军事冲突的成功报道，是“RT”电视台在全球范围受到广泛关注的开始。RT 的异军突起也直接引发了世界各国尤其是西方国家对俄罗斯新的外宣举措的关注。

事实上，在俄格冲突爆发之前，RT 虽然已经成立了两年，但其影响力和传播效果一直不温不火，并没有达到预期的高度。当时，虽然 RT 的栏目和内容设计已经成型，但由于只是依靠卫星信号等渠道覆盖欧美等国，在西方国家的收视人群和收视率其实并不高。“美国之音”电台评论员格里格尔耶夫在回顾俄格冲突时期的信息战时就评论道：

> 战争前，RT 的影响力有限，这只是一个卫视频道，很难期待它能够从数以百计的卫视频道中脱颖而出。

事实上，在此之前，RT 已经因敢于批评西方政客或者亲西方政客而小有名气。在格鲁吉亚问题上，RT 经常对格鲁吉亚总统萨卡什维利的亲西方政策提出尖锐的批评。2007 年 11 月，RT 驻格鲁吉亚首都第比利斯记者在报道反萨卡什维利政府集会时遭到警方催泪瓦斯和高压水枪的攻击，RT 开始受到广泛关注。俄格战事爆发后，RT 更是在舆论战中坚定地站在俄罗斯一边。其报道坚持称，俄罗斯兵发格鲁吉亚是基于人道主义。RT 派遣了大批随军记者，大量播发有关格鲁吉亚政府军攻击南奥塞梯等地的新闻，同时大量报道俄罗斯军队如何帮助南奥塞梯人民渡过难关、如何救济当地难民和逃往俄罗斯的难民，进而严厉批评格鲁吉亚当局的政策，同时还对美国等西方国家支持格鲁吉亚的立场展开猛烈的“炮轰”。

由于 RT 的特殊身份，其记者经常可以从高层拿到独家信息，再加上随军记者发回了大量来自前线的现场独家报道，这让 RT 迅速成为国际媒体和受众了解俄格战况最重要的信息源之一。众多国际媒体争相转载 RT 的报道内容。坚持向国际媒体提供各类独家信息也是 RT 成功的一大重要因素，这一惯例一直保持到今天。如今，RT 仍然免费为各大国际电视台提供有关俄罗斯领导人各项公开活动的无水印高清视频素材。RT 也就自然成为国际社会和国际受众了解和获取有关俄罗斯官方信息的一个重要渠道。

此外，俄格冲突期间，RT 的网站曾因遭到黑客攻击而无法访问。RT 随后发布公告称，攻击来自注册于第比利斯的 IP 地址。这一事件也让 RT 名声大噪，更让不少对各自政府不满的西方受众开始支持 RT。

当然，RT 的成功与其借鉴西方媒体节目设置的成功经验有着密切关系。大部分观众第一次看到 RT 电视节目的时候，都会误以为是 CNN 开设的一个新的电视频道。西方化的节目设置和风格，生动的声音和视觉效果，富有魅力和经验的节目主播和记者，轻松明快的直播和访谈形式，与世界同步的国际时事题材和内容，这些要素的组合一改以往俄罗斯“宣传机器”、“国家喉舌”的形象，创造了西方受众十分熟悉和易于接受的现代电视传播模式。美国《华盛顿邮报》就在报道中称：

> 乍一看，RT和CNN非常相似，但多看一会儿才发现，RT是为克里姆林宫而工作。[①]

值得一提的是，RT的运作也并非十全十美。在俄格冲突期间，RT过于强调俄方立场，宣传味偏浓，这引起了一些对战争持中立立场的编播人员的不满，有的人甚至提交了辞呈。比如，在俄军对格鲁吉亚戈里市进行军事打击之后，RT前方记者丹巴尔就提出了辞职的请求，理由是电视台领导层拒绝报道这一新闻。不过，事后RT总编辑玛格丽塔·西蒙尼扬对此事予以否认。无论真实的情况为何，在此后的报道工作中，RT吸取了这样的教训，开始讲究报道的手法，努力提升媒体的公信力。在宣传俄罗斯立场的同时，并不回避俄罗斯的负面新闻。这一点在RT对2012年俄罗斯总统大选、乌克兰危机等重大事件的报道中也有明显的体现。比如，RT不仅报道了普京支持者的集会，也对反普京阵营的集会进行了报道；在乌克兰危机上，既报道了俄罗斯在乌克兰问题上的立场，也报道了欧美国家对俄罗斯的指责。当然，RT注意了两种声音在量上的区别，在确保舆论导向正确的基础上，尽可能全面地展现新闻事件，提升媒体的公信力。

---

① http://www.polit.ru/news/2008/03/07/wp/.

二、由俄罗斯主办的大型国际性活动的对外传播实践

一般意义上，成功举办大型国际性活动不仅仅是一个国家综合国力的展示，也是国家形象的全方位直接展示。这是世界各国尤其是新兴市场国家积极申办各类国际性活动的主要原因之一。俄罗斯也不例外。

近五年来，俄罗斯承办了数十场大型国际活动。这些活动不仅包括 2014 年索契冬奥会、2013 年世界大学生运动会等大型体育赛事，也包括 2012 年亚太经合组织（APEC）峰会、2013 年“二十国集团”（G20）峰会等大型多边国际会议。在这些活动中，俄罗斯媒体在树立良好国家形象、展示国家发展成就等方面进行了大量的传播实践。

（一）对索契冬奥会的报道

2014 年年初在索契举办的第 22 届冬季奥林匹克运动会，是俄罗斯近年来举行的关注度最高、规模最大的大型国际性活动。和很多新兴市场国家相同的是，俄罗斯举办冬奥会这样的大型赛事，展示国家形象与综合国力、提高国际影响力、拉动地区经济发展是主要出发点。不过，面对西方媒体固有的“吐槽”习惯，得到那些不仅不能到场、还远在千里之外的普通观众的认可是一个非常巨大的挑战。

事实上，从某种程度上说，前往索契参加或者观摩冬奥会的客人比千里之外的普通外国受众对俄罗斯更为重要。因为后者可以选择的信息渠道非常之多，而且从接近性来讲他们更愿意、也更习惯通过自己国家的媒体来了解索契所发生的一切。而每个媒体在新闻的选择、表达上都有自己的偏好或者说立场。对于俄罗斯来说，这是不可控因素。比如，开幕之前，西方媒体大多都是带着“找碴儿”的目的报道索契冬奥会的。于是，在西方媒体上，

除了各国代表队备战等纯体育类消息之外，充斥的大多是筹备不力、工程拖延、腐败丑闻等负面报道。虽然这些报道的内容也多为事实，但是这些问题只是奥运会这一大型赛事筹备过程中的枝叶、而非躯干。西方媒体通过片面夸大负面事实，基本掩盖了赛事筹备总体上运转顺利的实际情况。这样的报道模式在西方对俄罗斯以及其他新兴市场国家的报道中非常常见。而对于那些没有亲临索契的普通西方受众来说，在以负面信息为主的传播环境中，对于冬奥会的认知或多或少会有一些偏差，甚至是失实。在这样的情况下，那些亲临索契的外国人就显得尤为重要。这部分人群在索契的真实感受是击碎西方媒体不可告人目的的重要“法宝”。所以，如何影响这部分人群就成为俄罗斯媒体“奥运传播”的重要内容。

也正是出于这一考虑，RT 从 2013 年年底开设了“今日索契”（Sochi Today）英语广播频道，在索契和其所在的克拉斯诺达尔边疆区以调频广播的形式播出与冬奥会相关的各类节目。广播的目标受众就是前往索契参加和观看比赛的各国运动员、官员和游客。广播节目以音乐、新闻和服务类资讯为主。其中的音乐节目大多是欧美流行音乐，可以满足大多数运动员的娱乐需求，新闻类节目每半小时播出一次，内容以与索契冬奥会相关的赛事新闻和国际新闻为主。与此同时，“今日索契”电台还在社交媒体上开设了官方账号，通过社交媒体平台发布各类信息，与受众互动，甚至帮助受众解决一些实际困难。

据 RT 官方公布的数据，索契冬奥会和残冬奥会期间，“今日索契”电台的无线和在线广播听众总量超过了百万，达到了预期的传播效果。

考虑到 RT 的传播对象以西方受众为主，竞争对手以西方媒体为主，直面竞争与质疑成为 RT 在冬奥会报道中的重要选题方向。其中，扭转观众受西方媒体片面报道所产生的对冬奥会乃至对俄罗斯的负面理解成为 RT 的主要传播目的。为此，RT 选择了直接采访当事人。

以开幕式上“五环变四环”失误为例。开幕式策划团队原本希望运用机械道具将五朵雪花伸展开来演变成五环，但其中一朵雪花因为机械故障没有顺利展开，五环图案也因此变成了四环。这一失误立刻成了西方乃至全球观众的一大谈资，各种取笑甚至谩骂的内容开始出现在各大社交媒体上，西方媒体更是借此机会对索契冬奥会的筹备工作大加指责。对于这样一个低级失误，俄罗斯人并没有选择逃避。RT 事后专访了开幕式总制作人恩斯特（Konstantin Ernst），恩斯特没有逃避，而是通过节目坦陈这是一个很容易避免的低级失误，并且向全世界观众表达了歉意。值得一提的是，对这个失误负有“领导责任”的恩斯特在接受采访时，特地穿上了一件印有“四环”的外衣。RT 通过对恩斯特的采访发布了闭幕式上这一失误将会以特殊的方式得到弥补的独家消息。闭幕式上，数百名演员先是组成了四环图案，随后在演员们的帮助下，没有展开的那朵雪花绽放开来，四环终于变回五环。俄罗斯人通过自己的坦诚和幽默的自嘲，将本来被动的舆论环境扭转了过来，而很多观众也因此由批评与嘲讽转向钦佩和鼓励。

在直面问题与质疑方面，还有一个例子。西方媒体批评索契冬奥会的理由，除了筹备期间出现了一些瑕疵以外，还有索契温暖的天气。虽然是冬奥会，但是冰上项目场馆集中的奥林匹克公园的日均气温都在 10℃ ~15℃。不少西方媒体以此为理由，认为索契压根儿就不应该得到冬奥会的举办资格。冬奥会开幕前，这种关于主办国的负面消息几乎充斥着西方世界。为了让更多的电视观众了解索契的真实状态，RT将目光锁定在西方运动员和官员身上，尤其是那些在比赛结束后希望继续留在索契度假的西方运动员。在冬奥会收官阶段，RT采访了来自美国的跳台滑雪冠军杰西卡·杰罗梅（Jessica Jerome）和高山滑雪冠军皮卡伯·斯特里特（Picabo Street）等大批欧美运动员。在采访中，RT的问题非常直接。记者问杰罗梅："为什么在西方媒体对索契的一片质疑声中你会选择留在索契度假?"杰罗梅对索契的赛事组织、生活环境等做出了客观的评价，更是表示自己之所以改变行程计划、决定留在索契多休息几天，就是因为在这里得到了"宾至如归"的享受。斯特里特也对冬奥会各大场馆的硬件水平大加称赞，并直接指出：

> 某些媒体报道的问题都是一些无关痛痒的小瑕疵，事实上，赛事运行总体上相当好，（媒体）提到的问题我并没有遇到过。

杰罗梅等人的专访在RT播出之后，在美国引起了较大的反响。索契冬奥会在很多欧美观众心中也终于获得了"平反"的机会。

（二）对APEC峰会、G20峰会的报道

与冬奥会、大运会等大型国际综合型体育赛事不同，亚太经合组织（APEC）峰会、"二十国集团"（G20）峰会等大型多边国际性会议的主题主要集中在经济和政治领域，其规模和冬奥会比起来要小不少，但从发展角度来看，这类重大多边国际性会议对全球经济和世界格局所产生的影响要远远大于体育赛事。因此，俄罗斯媒体在报道这类新闻事件的时候，出发点和着力点就有了很大的不同，其报道的潜在主题也就更多地向"俄罗斯在国际事

务中发挥的作用”倾斜。

以 2012 年的 APEC 峰会和 2013 年的 G20 峰会为例。这类高端峰会的主要议题，都是由东道国依据当时的国际形势、结合自身发展的需求而特别设置的。因此，会议的主题往往同时具备国际性和国家性的特质。俄罗斯将 2012 年 APEC 峰会的主题设定为“发展的挑战”，把会议的举办地放到了远东的符拉迪沃斯托克。这样的设置目的显而易见，即俄罗斯希望借亚太经合组织峰会这股东风，将自己的远东大开发战略提升到一个新的高度。

这个意图背后还有一个更深层次的背景：俄罗斯的远东开发战略提出已久，但苦于远东人力资源稀少、基础设施落后、开发成本高昂，仅仅依靠俄罗斯自身的力量开发远东恐怕只是空谈，要实现远东开发大计，俄罗斯不得不与亚太地区国家展开合作。不过，在俄罗斯远东，一直有着“一旦外资和外籍人员大量进入远东，本就地广人稀的远东可能会存在各种风险”的担忧。正因为如此，在整个 APEC 峰会的报道当中，俄罗斯媒体的报道更多地还是在营造一种“合作共赢”的氛围。这样的选题既符合对外招商引资的目的，也能够对内起到安抚民心的作用。所以，无论是 RT 还是俄新社，提供的正面报道内容量大份足。值得一提的是，即便是舆论环境总体上已经有利于区域性合作的开展，但无论是在俄罗斯国内还是在其他亚太国家，反对和担忧的声音仍然存在。针对这一部分声音，俄罗斯媒体没有回避。在相关节目内容上，RT 邀请了正反两方的代表，就“亚太地区合作对俄罗斯是利大还是弊大”展开了辩论，让观众自己进行判断。此外，在报道内容结构上，俄罗斯媒体也进行了一些特别的设计，比如，采访了大量官员、专家、学者，为如何开展亚太地区合作、实现互利共赢献计献策。这部分内容甚至占到总体报道量的一大半。

在形式上，这既保持了报道的中立客观，也确保了主流舆论的正确走向。

和 2012 年 APEC 峰会不同，2013 年在圣彼得堡举行 G20 峰会时，国际局势发生了重大的变化：叙利亚危机不断升级，俄美关系因为斯诺登事件的意外发生而开始转向。斯诺登事件发生之前，俄美双边关系逐步回暖的趋势非常明显，双方开始或者已经全方位地恢复和深化合作。而俄罗斯为斯诺登提供庇护之后，俄美关系回暖的大势发生了 180° 的反转，奥巴马因此取消了 G20 峰会前的访俄计划，从此之后，俄美关系开始不断恶化，并最终因为乌克兰问题达到了历史低谷。正是在这样一个背景下，G20 峰会在俄罗斯圣彼得堡召开了。虽然奥巴马如约赴会，但是白宫一再强调美国总统此行的目的是参加多边国际会议，并非访问俄罗斯。

也正因为如此，无论是俄罗斯媒体还是美国媒体，抑或其他国家媒体，对于俄美两国元首在G20框架下如何交流都极其关注。从俄罗斯的角度来看，斯诺登事件实际上是一个意外，俄罗斯一直希望将这一事件的负面影响降到最低。所以，从官方媒体报道设计上来看，对于俄美关系的报道既没有铺天盖地喧宾夺主，也没有回避矛盾粉饰太平。以俄新社为例。在俄新社整个 G20 峰会的报道中，对俄美关系的报道所占比重非常低。俄新社在报道俄美关系的同时，对于俄中、俄德、俄英等重要的双边选题也进行了大篇幅的报道，并没有因为俄美关系的特别而忽略多边国际会议的主旨。不过，这并不是说俄罗斯媒体在回避俄美矛盾。事实上，俄美关系是俄新社在整个 G20 峰会报道中提及最多的一组双边关系。在峰会召开前，普京和奥巴马是否会在 G20 框架下举行双边会谈一直是全球媒体关注的焦点。俄新社借助自身官方媒体的信息渠道和人脉资源，发布了多条独家报道，是最早发布普京和奥巴马将举行非正式会晤消息的媒体。在这一主题下，俄新社刊发了多篇评论，还特别对普京与奥巴马之间的公开短暂交流等内容进行了重点报道。值得一提的是，在峰会临近尾声的时候，俄新社还专门刊发了一篇名为《奥巴马高度评价 G20 峰会的组织工作》的报道，在整个 G20 峰会期间，俄新社只编发了这么一条对组织工作进行评价的报道，其用意显而易见。总体来说，俄新社、RT 等代表俄罗斯利益的媒体在 G20 峰会期间所做的报道为俄美之间恢复对话营造了良好的舆论氛围。

三、就国家核心利益与西方的直接舆论交锋

在涉及俄罗斯核心利益的问题上，以 RT 为代表的俄罗斯媒体不回避挑战，在坚持报道的平衡性基础上，从全球战略层面解读新闻事件，与西方舆论直接交锋。

第一，注重报道的平衡性和理性。在报道 2012 年俄罗斯总统大选时，RT 曾援引“德国电视一台”（Das Erste）对大选的看法。“德国电视一台”称选举结果是预设的，普京将一直统治俄罗斯到 2024 年。梅德韦杰夫担任总统只是普京的权力过渡方案，反对派感觉自己被欺骗。RT 同时引用了民意调查机构“列瓦达中心”的调查结果称，普京是俄罗斯最受欢迎的政治家。与此同时，RT 并不隐晦西方对普京的批评，曾原文转发了美国共和党总统候选人米特·罗姆尼针对俄罗斯的指责。在报道欧美因为乌克兰问题采取的对俄制裁措施时，RT 通常采取非对称的回应方式，并不作过激反应，而是通过专家解读制裁将导致的零和结果。

第二，解读西方媒体的对俄报道政策。RT 指责西方媒体经常进行选择性报道。比如，英国媒体曾报道皇家空军在本国领空

附近拦截俄罗斯战机。但后来事情得以澄清，实际情况是英国空军拦截了一架俄制飞机，该飞机属于拉脱维亚。但英国媒体有意忽略了这一点。俄罗斯独联体国家研究所所长康斯坦丁·扎图林2014年10月30日接受RT采访时表示，目前包括“媒体战”在内的针对俄罗斯的政策均基于西方国家利益。西方媒体对俄宣传是有计划的，主流西方媒体有既定的编辑原则，有一批人专门依靠对俄宣传在职场获得升迁。

第三，向民众展现希望。例如，2014年12月RT援引了波兰杂志《政治观察员》刊发的一篇有关西方对俄罗斯制裁的评论。文中称，如果莫斯科能够经受住这一轮打击，将战胜西方。只要保持国内稳定和社会秩序，西方的制裁措施将无功而返并反作用到自己身上。另外，2015年2月初RT发布了一条题为《CNN记者:俄罗斯危机不是对普京的判决》的视频新闻，采访了CNN资深国际记者查恩斯。查恩斯表示，虽然俄罗斯经济受到影响，但普京收复了克里米亚，恢复了俄罗斯人的自豪感，恢复了俄罗斯作为世界大国在国际舞台应有的地位。在一些城市街头出现了小规模游行，抗议物价上涨、财政预算缩减，但2014年年底普京的支持率高达85%。所以，这次危机并不是对普京的判决。

在与西方媒体直接针锋相对的同时，俄罗斯还注重抓住西方“软肋”并进行有效的舆论反击。近几年，让俄罗斯能够对美国大肆揶揄的话题莫过于“斯诺登事件”。曾在美国中央情报局任技术分析员的斯诺登在披露了美国国家安全局部分秘密文档后向俄罗斯申请庇护并获批准，之后人们甚至把俄罗斯在斯诺登事件上的果敢行动看作2013年俄罗斯外交三大胜利之一。

由于斯诺登揭露了美国秘密实施的“棱镜”监听计划，美国在全球范围内陷入舆论被动。在不少人看来，这是俄罗斯树立一个“独立自强”的大国形象的好机会。俄罗斯《公报》在2013年6月报道斯诺登事件时引用专家的观点写道，“斯诺登若被引渡，俄罗斯将给人留下屈服于美国的印象”。在这样的背景下，以对外传播为主要目的和重要工作的RT、俄新社等媒体自然不会放过这样一个大好机会，对美国发起了猛烈的舆论攻势。

首先，在斯诺登曝光美国“棱镜”计划之后，RT和俄新社等对外传播媒体采访了大量俄罗斯和美国等西方国家的政府代表和官员，对美国的“棱镜”计划进行猛烈抨击。包括俄罗斯外长拉夫罗夫、俄罗斯国家杜马（议会下院）主席纳雷什金等在内的高官政要纷纷接受了RT的直播采访，阐明俄罗斯针对美国“棱镜”监听计划的立场，向美国表示抗议。

其次，俄罗斯媒体采访了大量专业人士，尤其是发挥了其本土化运营的优势，采访了很多对美国监听计划持坚决反对态度的美国当地的专家学者，对美国的监听计划以及在斯诺登事件上的处理方式进行剖析和指责。例如，RT邀请了美国学者做客演播间，在直播节目中批评美国的“棱镜”计划侵犯了个人隐私，RT还采访到了帮助斯诺登公开“棱镜”计划秘密内容的英国《卫报》记者格林沃尔德，认为美国的监听计划是未经许可、缺乏监管的非法行为。俄新社在2013年7月援引美国专家马克·亚当斯的观点指出，美国主流媒体在斯诺登事件中站在了当局的一面，企图妖魔化斯诺登。俄新社还援引专家的观点表示，向斯诺登提供庇护符合俄罗斯的国家形象。言外之意就是“俄罗斯是一个不畏强权、自由民主、尊重个人权益的国家”。在报道手法上，RT则注重更加人性化的表达，比如报道俄罗斯如何向斯诺登提供生活帮助。斯诺登的律师库切利纳在接受RT专访时曾经饱含感情地说：“斯诺登已经成为我最亲密的朋友”。这样感性的表达对于解释俄罗斯在斯诺登事件上的立场也起到了一定的积极作用。

再次，RT 和俄新社对美国、欧洲各地爆发的反“棱镜”计划、反美国国家安全局监听行为的游行示威进行了大篇幅的现场报道，对于西方国家内部对于“棱镜”计划的指责和不满也进行了集中报道。俄新社还发起了网络调查，最后的调查结果显示，大部分网友把斯诺登看作英雄而不是间谍。这些报道与官方立场、专家观点相配合，形成了具备强大影响力的舆论浪潮，使得美国陷入舆论上的全面被动。

此外，俄罗斯媒体还非常善于借斯诺登之口影响西方国家内部的合作。比如，RT 在“棱镜”计划曝光之后，借助自己的渠道与斯诺登本人取得了联系，并播发了一条名为《斯诺登呼吁欧盟研发新的信息保护系统》的消息。这条消息让美国和欧盟的合作与交流在这个特定时间节点上显得颇为尴尬。

出于安全考虑，斯诺登在俄罗斯期间很少公开露面，他的大部分公开影像资料都是从 RT 的平台上流出的。比如，2013 年 10 月,“维基揭秘”网代表与几位曾在美国联邦调查局、中央情报局、国家安全局等美国安全机构工作过的官员代表前往俄罗斯与斯诺登秘密会面，并且向斯诺登颁发了一座奖杯。整个会面的视频是通过 RT 的电视台和网络平台发布的。由于斯诺登长时间没有公开消息传出，外界的各种猜测非常多，这个有关斯诺登最新信息的影像一经传出便受到了广泛关注。RT 更是在第一时间采访到了与斯诺登会面的美方代表，对斯诺登揭露“棱镜”计划等决定表示了支持。此外，RT 还多次专访了斯诺登在俄罗斯的律师库切利纳。有关 RT 是如何获取这些资料、如何采访到关键人士的真实原因无从知晓。但我们可以推断，由于当时斯诺登在俄罗斯寻求庇护的申请已经通过，斯诺登的个人安全已经转由俄罗斯相关部门负责，如果没有得到这些部门的帮助，“RT”电视台恐怕很难获取这些新闻价值极高的信息。无论如何，“RT”电视台在斯诺登事件上的积极策划报道，一方面实现了自身作为俄罗斯官方对外传播机构“揭露西方国家虚伪面孔”的目的和预期，另一方面为自身在美国本土赢得了更多的关注度和影响力。

值得一提的是，虽然在斯诺登事件上俄罗斯主流媒体将舆论压力引向了华盛顿，但是在报道中也体现出了俄罗斯政府希望低调处理斯诺登事件的意图。比如俄新社配发了多篇报道，包括《前北约秘书长：斯诺登事件未必会影响俄美关系》等，为俄罗斯外交营造了更积极的氛围。

第六章
俄罗斯媒体的发展特点和新趋势

基于俄罗斯独特国情而推进的市场化改革，让俄罗斯的经济发展展现出了一些特点。而特有的经济特质、国家对媒体市场的监管、媒体市场化改革与俄罗斯民族的文化习惯之间产生的同向或逆向的合力，让俄罗斯传媒市场的发展也凸显出自己的特点和趋势。

俄罗斯的媒体大体上由三种基本所有权形式分立或混合组成——国家所有（全部或部分）、私人所有、公司所有。而在公司所有形式中，媒体背后的“大东家”既有国有媒体集团（如全俄国家电视广播公司），也有国家控股企业旗下的媒体集团（如俄罗斯天然气工业媒体控股公司），还有大型私营媒体集团（如国家媒体集团、“CTC 传媒”集团、乌斯马诺夫媒体集团）。在行业竞争日益激烈的大环境下，独立媒体往往难以抵御发展资金不足的困境，背靠强大集团可以获得发展所必需的资金。这种国家化加商业化的混合型媒体模式，确保政府作为传媒的政策管理者和宏观调控者，避免媒体过多传播对其不利的声音，而媒体则在政府的引导和管控之下走市场化道路，获得了发展需要的资金和市场。

在这种看似双赢的背景下，政府利用手中掌握的国有媒体以及国有大企业控制的媒体集团，实际上是加强了对大众传媒和舆论导向的控制权。在俄罗斯总统普京的传播理念中，媒体要为国家利益服务。他认为，强大的国家权力体系是俄罗斯复兴唯一可依赖的资源。传媒必须在此基础上开展活动，因而他在执政初期就整肃了由寡头建立的媒体帝国，大力推进传媒国有化，通过不断加强对媒体（包括新兴的网络媒体）的管控力度，强化了国家媒体居主导地位的传媒发展格局。尽管大型私营传媒集团拥有的媒体也占有一定数量，但核心的广电传媒和大型通讯社仍由国有大型集团所掌控。

近年来，俄罗斯媒体发展的另外一个明显趋势就是媒介融合的加速。伴随新媒体的蓬勃发展，传统媒体纷纷选择通过媒介融合获得新的发展机遇。而这一趋势在联邦级媒体中表现最为突出，因为和地方媒体相比联邦级媒体在经费来源、人员配置和技术平台上具有明显的优势。

此外，虽然国内舆论环境较为稳定，但是俄罗斯所面对的外部舆论环境却并不理想。为了打破西方媒体的话语霸权，俄罗斯政府近年来大力扶持像RT这样的外宣媒体，打造外宣旗舰。2013年年底，老牌通讯社俄新社和“俄罗斯之声”电台进行了重组合并，成立了“今日俄罗斯”通讯社。2014年11月，“今日俄罗斯”通讯社向国外受众推出自己的新媒体项目“卫星”新闻通讯社。该项目立足海外受众，旨在打造全新的国际新闻网络，“向全世界受众提供一种可选择的且未被西方媒体歪曲的视角看待世界大事”。外国媒体将“卫星”新闻通讯社项目视为克里姆林宫试图升级和扩大宣传机器。

总之，媒体市场监管趋紧、媒体的集团化发展、传统媒体与新媒体融合发展、重视打造外宣旗舰媒体，成为近年来俄罗斯媒体市场比较明显的发展趋势。

第一节　媒体市场监管政策趋紧

20 世纪 90 年代初期俄罗斯联邦成立后，在整个政治经济体制转轨的大背景下，大众传媒业也经历了一个从无序到有序的自身转轨过程——从全面松绑到被金融寡头掌控，再到国家重新恢复对媒体的有效管控，最终形成了目前这种相对平衡的发展格局。目前，尽管传媒业的所有制形式多样，包括国有媒体、国营公司控股媒体以及私营的商业媒体，国家媒体在传媒领域依然占据主导地位。媒体要为国家利益和国家安全服务是不能触及的底线，由政府控制的国有媒体控制舆论导向。

国家对媒体市场的监管主要分两部分，一是设定媒体市场的准入门槛，对媒体资质进行审核、对各类媒体机构的市场活动进行监督管理。这部分管理工作由俄罗斯联邦通信、信息技术与大众传媒监督局下设的通讯信息技术与大众传媒监督局负责。二是通过立法和颁布行政命令来实现对媒体市场的监管。

俄罗斯现行的《大众传媒法》是 1991 年 12 月 27 日颁布的，由时任总统叶利钦签署。在此后的 20 多年时间里，经过数次修订，其中 2000 年后也就是普京就任总统后共经过 26 次修订。最密集的修订集中在 1995 年和 2013 年，仅在这 2 年里就分别进行了 8 次修订。在历史上所有修订中，只有第三章关于禁止新闻检查的条款未做过调整。其中明确规定禁止新闻检查：领导、国家机关、组织、机构或社会团体不得要求大众传媒机构就播发的消息和材料与之事先进行协商（领导是作者或被采访人的情况除外），不得禁止播放全部或部分消息和材料，不得设立和投资旨在进行大众新闻检查的组织、机构、机关或个人。

尽管俄罗斯通过立法严禁进行新闻检查，但是俄罗斯的媒体也不是绝对自由的。国家一刻也没有放松过对传媒业的管控。总统普京认为，传媒只要不触动政治安全和国家安全，在追逐经济利益的同时为国家提供服务，充当好社会舆论的引导者，媒体基本上就是自由的。政府是最终的“游戏规则”制定者，通过颁布行业行为准则来不断收紧对传媒市场的管控。普京对媒体报道内容做了很多限制，不允许媒体攻击国家领导人，对突发事件报道要经过审查等。各联邦频道的主管们则每周前往克里姆林宫，接受政府给予的指示。自我检查制度比国家新闻检查制度更有抑制效果。[①] 俄罗斯目前还有一定数量的独立媒体存在。不过，近年来政府通过的一系列涉及传媒领域的限制法案，使得这些独立媒体的生存空间不断受到挤压。

针对外资在俄罗斯传媒业存在的比例，俄罗斯国家杜马曾在 2001 年 8 月通过《大众传媒法》修正案，规定俄罗斯建立新闻媒体传播机构时，外资不得超过 50%，且这一规定并不涉及纸媒。该项规定有效地防止了外媒对俄罗斯传媒业的渗透。但是根据俄罗斯总统 2014 年 10 月 15 日前签署的《大众传媒法》修正案，从 2016 年 1 月 1 日起这一比例将降至 20%。新的法律规定还拓展到了所有类型的媒体资产，包括互联网出版物，不过没有涉及不拥有媒体牌照的机构。法律规定，2017 年 1 月 1 日之前所有媒体的所有人必须按照新规定对创办人组成进行变更和办理所有相关手续，并最晚于 2017 年 2 月 15 日之前将新的所有人、所有机

① 展江．普京治下的俄罗斯国家与传媒关系探析 // 南京社会科学，2009，（4）：50–55.

构清单交给俄罗斯政府有关部门。俄罗斯有影响的独立媒体《公报》（Ведомость）是受到该法案影响的媒体之一。《公报》由三个国家的财团联合拥有：道琼斯公司、金融时报集团和芬兰媒体公司“Sanoma”。在电视媒体中有四个频道受此影响，分别是由瑞典北欧媒体集团“MTG”（Modern Times Group）持股 37.9% 的“CTC 传媒”集团旗下的三个频道①，由美国华特·迪士尼公司（Walt Disney Co.）持股 49% 的“迪士尼频道”（Disney）。②

对于进一步限制外资在俄媒中所占比例，《大众传媒法》修正案支持者给出的理由是，西方正试图用“信息冷战”来“遏制”俄罗斯。该法案的起草者瓦吉姆·邓金表示：

> 当外国人来挣钱时，他们积极地影响媒体市场，并将其用于自己的利益。此刻，我们准备好封闭俄罗斯，以此保证它的安全。

俄罗斯国家杜马主席纳雷什金表示，限制外国股东在俄罗斯媒体资本中持有的份额，旨在排除其对俄罗斯媒体立场施加行政影响的可能性，以便“保护国家主权”。

莫斯科大学新闻系“媒体权利中心”主任伊万·潘克耶夫（Ivan Pankeev）教授对《透视俄罗斯》记者表示，《大众传媒法》修正案的通过与政治局势有关。他说：

> 对一个国家施压，它就不得不做出某种反应。俄罗

① 即 CTC、家庭（Домашниий）和辣椒（Перец）。

② Угроза издателям: кого затронут новые поправки в закон о СМИ // http://top.rbc.ru/economics/18/09/2014/949723.shtml.

斯正在做出反应。

独立记者、“生意人报 –FM”电台前总编辑康斯坦丁·埃格尔特（Konstantin Eggert）认为，《大众传媒法》修正案恰恰反映了俄罗斯的当前现实和政府对新闻界社会功能的看法：

> 这一功能就是宣传喉舌，而不是什么第四权力和对政府活动进行监督的独立工具。这一法案是对俄罗斯言论自由和独立媒体的继续打压。[①]

在俄罗斯，除了专门的《大众传媒法》，信息媒介的行为规范还大量体现在其他法律法规中。《俄罗斯联邦宪法》《俄罗斯联邦民法典》《俄罗斯联邦刑法典》《俄罗斯联邦劳动法》《刑事诉讼法》《税法》《仲裁法》等各大法典中，均有大量涉及信息传媒的条例。此外，俄罗斯还有许多涉及传媒的专项联邦法，例如《国家机密法》《国家权力机构在国家新闻媒体中的活动阐明程序》《信息、信息技术和保护信息法》《广告法》《关于个别形式媒体的许可证制度法》《紧急状态法》，等等。除了这些专项联邦法，俄罗斯总统令、联邦政府决议也对规范传媒行为起到重要作用。

俄罗斯政府还通过立法进一步加强了对网络空间的监管。从 2014 年 8 月 1 日起，《俄罗斯知名博主新规则法》正式生效。2014 年 4 月俄罗斯杜马和联邦委员会审议并通过了这份法规，并由俄罗斯总统普京在 5 月初签署。该法律旨在进一步规范俄罗斯的网络环境。正式生效的《俄罗斯知名博主新规则法》规定，网

① http://tsrus.cn/shizheng/2014/09/26/37187.html.

页日均浏览量超过 3000 人次的博客作者即被认定为知名博主，其博客等同于新闻媒体，必须履行俄罗斯法律对大众媒体的相关规定，不能匿名，网页上要明确写明其个人信息和联络方式。新法要求知名博主必须对所发布信息的真实性进行核实；不能散布违反公民隐私权的消息；要遵守《选举法》的有关限制规定；要在网页上标明所发布内容对访问网友是否有年龄限制；不能利用网站或自己的网页从事违法活动；不能泄露国家机密；不能传播包含公开呼吁实施恐怖活动或公开美化恐怖主义的材料及其他极端主义材料；不能传播宣传色情、暴力行为的材料；不能传播包含污言秽语的材料；对已发布的不实信息必须立即删除。滥用信息发布权的知名博主将承担刑事责任。《俄罗斯知名博主新规则法》规定，所有知名博主必须在俄罗斯联邦通信、信息技术和大众传媒监督局注册登记或等待监督局向其发出注册通知；注册后的知名博主必须将个人信息公布在博客上，不得假冒他人或发布虚假信息。如果不能确定知名博主的身份，俄罗斯监管机构将向网站托管服务提供商发去通知，告知其必须提供相关资料。

为净化网络空间，保护儿童免受不良信息危害，2010 年 12 月 31 日俄罗斯颁布了《保护儿童免受不良信息危害网络审查法》。根据新法案，传播儿童色情、毒品、诱导儿童自残等内容的网站如果不及时净化内容，其 IP 地址会被俄罗斯联邦通信、信息技术与大众传媒监督局列入“黑名单”，登上这份黑名单的网站将被勒令关闭。该法案自 2012 年 9 月 1 日起正式生效。

此外，俄罗斯联邦政府以打击通过网络传播极端思想、制造社会不稳定因素为由，对《信息、信息技术和保护信息法》进行了修订，加入了“关闭极端主义网站”的内容，开始对那些与政府唱反调的网站进行整顿。该法案于 2014 年 2 月 1 日正式生效。3月，俄罗斯联邦通信、信息技术与大众传媒监督局关闭了“Грани.ру”（grani.ru）、“Каспаров.ру”（kasparov.ru）、“日刊”（Ежедневный журнал）网站以及反政府人士纳瓦尔内在社交网站“livejournal”和“莫斯科回声”广播电台网站的个人博客。截至2014年年底，被俄罗斯联邦通信、信息技术与大众传媒监督局列入黑名单的网络链接已经多达4.6万个。

第二节 传统媒体与新媒体的融合

在互联网兴起的初期，传统媒体通过推出自己的网络版形式来实现新媒体化。但是，其内容基本上是复制传统媒体所发布的内容。很快，这些网络版开始探索更符合网络自身传播规律的生存方式。随着数字和网络技术的蓬勃发展，新的信息传播方式和发布终端的出现再次促使传统媒体进一步转型。而这一次是与新媒体在内容、渠道、平台、经营、管理等方面进行深度融合，充分发挥各自的优势，衍生出手段更多样、层次更丰富、更符合不同平台用户需求的信息产品。

“融合”（英语为“convergence”，俄语为“конвергенция”）一词，最初源于科学领域，直至20世纪70年代末才被引入新闻传播学领域。美国麻省理工学院的尼古拉斯·尼葛洛庞蒂（Nicholas Negroponte）是最早提出不同工业“即将和正在趋于融合”这一远见的人。1978年，他用三个相互交叉的圆圈——分别代表计算机工业、出版印刷工业和广播电影工业——来演示和描述技术边界趋于重叠的聚合过程，并认为三者的交叉处将成为成长最快、创新最多的领域。在此基础上，尼古拉斯·尼葛洛庞蒂将传播领域的“融合”理解为“各种各样的技术和媒介形式汇集到一起”。这给新闻传播学界众多的后继研究者带来了启发。20 世纪 80 年代，“convergence”一词得到了推广和普及。1983 年，美国传播学者、马萨诸塞州理工大学伊契尔·索勒·普尔（Ithiel De Sola Pool）教授明确提出了“媒介融合”（Media convergence）的概念，他认为，媒介融合就是各种媒介呈现出多功能一体化的发展趋势。这也是目前学术界公认的最早关于“媒介融合”的解释。

特别需要说明的是，本章的所提到的传统媒体和新媒体的融合，除了传播介质的融合，还有媒体在内容生产和发布渠道上的聚合趋势。

在俄罗斯，媒体融合已成为传媒业发展的普遍趋势，是媒体在新技术推动下以及行业竞争的刺激下而采取的必然选择。融合的程度与媒体的规模、资金基础有密切的关系。一般来说，国有媒体、联邦级媒体以及大型传媒集团的媒体融合进展最快，程度也最高，信息产品的形态和传播渠道也更丰富。而地方媒体由于资金和人力所限，媒体融合进展缓慢。

根据俄罗斯通信与大众传媒部发布的数据，截至 2014 年年底，62% 的俄罗斯居民使用互联网。网民人数在 2014 年增加了 250 万。在这一年里，4G 技术的发展同样迅猛，包括“MTC”等在内的多家电信运营商都在迅速铺设 4G 网络、建设 4G 基站。数据显示，俄罗斯每年新增 4G 网络用户的规模大约为 2000 万人。随着 4G 移动通信技术在俄罗斯各地的普及，媒体行业必然会迎来新的变革。

当前传统媒体与新媒体的融合趋势主要呈现以下几个特点。

第一，传播手段和渠道的融合。目前，除了传统的电视媒体，一些报纸和通讯社的网站也开始发布视频内容，比如俄罗斯的老牌通讯社塔斯社的网站上，除了图文报道也有专门的视频栏目，定期发布塔斯社独家制作的网络视频节目。不少媒体都在开发针对手持智能移动终端的发布平台（APP 客户端），所发布的信息产品同时投向多个平台。除了打造自身的发布平台，大多数媒体的网页上都有指向社交网站的链接。

第二，内容生产方式的融合。发布平台的多元化促进了内容生产方式的变革，一些主要的纸质媒体，比如《消息报》《生意人》《每日商业咨询》，都将其原有的传统媒体和新媒体平台在内容生产方式上进行了深度的融合，不仅对工作场所进行了重新布局，还从媒体运营内部入手对原有的传统平台的编辑部进行了整合，将传统纸质媒体和网络数字新媒体两大平台整合之后，建立统一的多媒体媒资平台。编辑部内部产生了新的岗位：文字统编、多媒体制作人、图形制作编辑等。对编辑记者团队的采集技能也提出了新的要求，掌握文字、音视频采集、图表制作等技能的全媒体人才受到青睐。记者在新闻现场采集回来的文字、图片、音视频素材被存入统一的媒资管理平台，通过筛选和再加工之后在不同的媒体平台发布。在一些同时拥有平面媒体、广播电视和网站等媒体形态的大型传媒集团内部，不同媒体也可以在一个平台上共享资源，然后衍生出不同形态的信息产品。

第三，品牌的融合。传统媒体依托主营业务的品牌优势，打造多元化产品链。以主打核心业务为基础，逐步延伸到其他产业或产品，实现媒体品牌跨区域、跨媒体、跨行业联合经营。以俄罗斯商业咨询媒体集团为例。它的前身是成立于 1993 年的俄罗斯商业咨询通讯社。经过 20 多年的发展，已经是涵盖互联网业务、电视媒体、平面媒体的多媒体集团。互联网为公司的核心业务，在它旗下同时拥有 20 个著名的网络品牌，包括以发布商务类报道为主的商业咨询网、专业的技术信息网站“C.News”。此外，它还拥有俄罗斯唯一的商务电视频道“商业咨询 –TV”以及两个同名的平面媒体——《商业咨询日报》和《商业咨询》月刊。

第四，机构的融合。机构融合不是各媒体优势简单叠加，而是通过对媒体集团结构和功能的有机整合，形成更为有效的发展模式。2013 年年底，俄罗斯总统普京签署总统令，撤销俄罗斯著名的老牌通讯社俄新社和全球第一家国际广播电台“俄罗斯之声”，在这两个媒体单位的基础上新组建“今日俄罗斯”国际新闻通讯社，专注向海外报道俄罗斯的国家政策和社会生活，提高国家外宣效率。这是近年来俄罗斯媒体进行机构融合的典型案例。2014 年 11 月，“今日俄罗斯”通讯社推出了自己的国际新媒体项目“卫星”新闻通讯社，计划在全球打造 30 多个新闻中心，招募数百名海外记者，进行本土化新闻采集和发布。该项目的平台将包括新闻通讯社、网站“Sputniknews.com”、新闻中心以及用 30 种语言进行播报的广播电台。据其创立者介绍，这一新媒体项目最大的特点在于其内容并非在莫斯科进行制作，而是在事件发生当地，也就是从新闻采集到发布实现本土化运作。在北京开设的中文信息专线使用中文进行报道，其报道范围涉及中国和俄罗斯的外交政策，两国在国际舞台的战略协作，全球经济改革，两国在工业、能源、金融、建筑、贸易、航空、军事技术和先进技术等领域的双边经济合作，两国参与的国际和地区组织（包括联合国、上海合作组织、金砖五国）框架下的活动和项目，俄罗斯及独联体国家的投资环境以及外企经营特点，文化和社会资讯等。这条在北京开设的中文信息专线的受众主要为中国媒体、国际中文播报媒体、商界人士、包括各部委及直属机构在内的国家机构、外交使团、科研单位及非营利性组织。

第三节　媒体的集团化发展

在当今的俄罗斯传媒领域，集团化已经成为一种重要的发展模式。这其中既有像全俄国家电视广播公司这样的国有媒体集团，也有像俄罗斯天然气工业媒体控股公司这样的大型国有控股企业旗下的媒体集团，还有像国家媒体集团、乌斯马诺夫媒体集团这样的私营媒体集团。在媒体集团化的进程中，私营媒体集团不断通过并购重组的方式来优化和壮大自身力量，将曾经分散的媒体资源集中起来，覆盖了从传统媒体到新媒体的所有媒体形态。无论是号称“媒体国家队”的全俄国家电视广播公司，还是由国营或私营企业创立的媒体集团，几乎都实现了全媒体布局。与此同时，在一系列客观经济条件和主观政治因素的制约下，最近几年所进行的媒体资产重组导致俄罗斯国内优质媒体资源越来越集中到小部分媒体集团。此外，一些正在进行或者正在讨论阶段的媒体并购案间接表明，创建在行业内具有绝对影响力的大型媒体联合体已经是未来新的发展趋势。

在这样的媒体集团化发展模式中，似乎可以看到 20 世纪 90 年代商业集团分割占领媒体的影子——两者的共性是媒体仍然与国家顶层权力保持密切关系，但本质区别是，当时的工业金融寡头将媒体作为其参与和控制国家政治生活的工具，利用手中的媒体介入高层的政治集团斗争；而此时的媒体集团与当权者达成一种共识，从维护国家利益这个大局出发，基本保持了统一的声音。2013 年 11 月 26 日，和普京关系密切、俄罗斯营业额最高的国有企业——俄罗斯天然气工业股份公司收购了矿业大亨弗拉基米尔·波塔宁（Vladimir Potanin）的私人传媒“ProfMedia”，此次兼并重组被认为是政府强化对媒体控制的又一次发力，以期进一步确立舆论主导权。

媒体集团在俄罗斯的兴起是在苏联解体之后。1991 年颁布的《大众传媒法》可以说奠定了俄罗斯媒体集团化的法律基础，被视为集团化进程的开端。20 世纪 90 年代中期，俄罗斯出现了涉足传媒业的大企业，它们按照通行说法被称为“媒体集团”。实践显示，在特定的经济基础和上层建筑影响下发展起来的俄罗斯媒体集团，显然具有其自身的特点。俄罗斯国内没有专门的法律条文来约束媒体的集团化。

莫斯科国立大学新闻系副教授谢尔盖·斯米尔诺夫在其所著的《俄罗斯媒体集团：媒体融合的国家经验》一书中指出，俄罗斯媒体集团在定义上存在着复杂性。一个法人在是实践中往往可能是多个媒体的创办人（这种情况在俄罗斯是未被禁止的），而集团内部并没有相应数量的受其监督的法人，或者根本就不存在。在这种情况下，使用“集团”这个名称就不恰当了。这种类型的公司应该使用另外一种术语来命名，比如“伪媒体集团”（квазимедиахолдинг）。还可能存在另外一种情况，持有媒体的法人有好几位，但是他们在形式上彼此毫无联系。虽然在定位上他们是一个整体，比如拥有共同的品牌。对于这样的联合更适合用“媒体集群”（медиагруппа, группа СМИ）。他认为，问题的关键在于，从法律角度来看，在俄罗斯“媒体集团”还是一个比较模糊和抽象的名词。俄罗斯国内一些经济问题专家的研究也佐证了他的观点。比如希特金娜指出，在现代企业实践中集团得到广泛扩展，与此同时，他们的法律保障却极大地落后于时代的要求。俄罗斯关于企业联合体的法律以及关于集团的法律都缺乏概念注释上的系统性、延续性和一致性。目前，只有个别的法律条款可以对集团联合体的组织和活动进行法律调节。《民法》《税法》《反垄断法》《会计法》等标准化法令只是限定形式上独立的主体间的经济从属关系，而这些法律文件之间缺乏一致性和相互继承性，没有统一的概念表述。

谢尔盖·斯米尔诺夫认为，在俄罗斯的情况是，公司组织在其名称中使用“集团”一词，但事实上并没有明确公司的经济法律地位和法律主体，实际上等同于公司、企业或联合体。目前，在俄罗斯媒体市场形成的企业联合体具有集团的特征，它们之间的关系或者是建立在股权交易的基础上，或者是通过订立契约。尽管存在着复杂的所有权结构，这些组织总体上是按照经过整合的传统集团的模式在开展业务。

而与此同时，俄罗斯传媒领域的这种立法现状在很大程度上反而促进了当代传媒产业聚集化程度的不断加强。缺少实际的直接约束，一方面形成了法律上的“模糊地带”，另一方面使媒体集团可以经常性地扩充规模。事实上，针对产业的这种聚合发展趋势，从国家层面相继出台了一系列行业性法规、命令，对现行的《大众传媒法》做出了补充，为媒体集团设定了游戏规则。同时，一些行业性法规的内容明显为国有媒体或国有控股集团旗下的媒体提供了更好的发展土壤。例如，在垄断程度最高的电视媒体中，由总统确定的全俄义务免费电视频道共有十家：俄罗斯第一频道、俄罗斯电视一台、俄罗斯电视二台、俄罗斯文化频道、俄罗斯 24 新闻频道、独立电视台、圣彼得堡第五频道、儿童频道“旋转木马”、俄罗斯公共电视台[①]和“TV Center”。这些电视频道可以不通过竞争实现节目在俄罗斯境内任何地方落地播出，在人口稀少地区进行落地播出还可以得到联邦财政的资金补偿。此外，它们还是俄罗斯公布的首批数字电视频道。在这俄罗斯十大电视频道中，有五家为全俄国家电视广播公司旗下频道，俄罗斯天然气工业媒体控股公司和国家媒体集团在其中也占有相当大份额。

表 6–1　2012 年俄罗斯联邦级电视频道的产业集中度

	CR3	CR4	HHI	MOCDI
电视	59 产业集中度适中	71 产业集中度高	1468 产业集中度适中	340
媒体集团	77 产业集中度高	93 产业集中度高	2295 产业集中度高	937

数据来源：俄罗斯联邦统计局统计信息整理和发布中心。

俄罗斯目前使用两个著名的指标——CR3[②]和 HHI——来测定传媒市场上的产业集聚化程度。按照俄罗斯的标准，CR3 小于 45% 表示产业集中度较低，CR3 为 45%（含）~70% 表示产业集中度适中，CR3 为 70%（含）~100%（含）表示产业集中度高。HHI 小于 1000 表示产业集中度较低，HHI 为 1000（含）~2000 表示产业集中度适中，HHI 为 2000（含）~10000 表示产业集中度高。

① 此处的“俄罗斯公共电视台”为 2013 年 5 月成立的俄罗斯联邦级电视台。其俄文名是“Общественное телевидение России”（ОТР），英文名称是“Public Television of Russia”（PTR）。第二章提及的“第一频道”前身是“Общественное Российское Телевидение”（ОРТ），英文名称是“Public Russian Television”（PRT）。这两家电视台的官方中文译名均为“俄罗斯公共电视台”。

② 俄罗斯的“CR3”相当于美国的“CR4”。

此外，还有媒体所有权的集中和多样性指数“MOCDI”，指数小于 500 表示符合完全竞争，指数为 500~1500 表示垄断性竞争，指数为 1500~3000 表示寡头竞争，指数超过 3000 表示垄断。

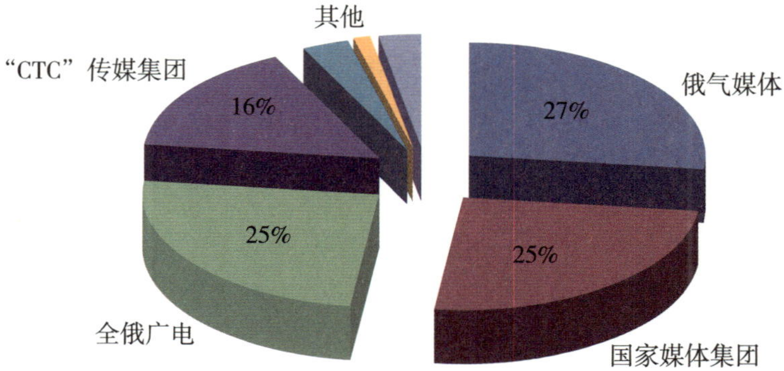

图 6-1　俄罗斯各大媒体集团在俄罗斯电视产业总营收中的份额

数据来源：媒体公司“Integrun”。

尽管在媒体经营业务上的组织方式存在明显差别，但俄罗斯的媒体控股集团（медиахолдинг）和媒体集团（медиагруппа）还是具有一些共同的类型特点。首先体现在媒体的集聚空间和战略上，主流媒体对地域性市场的开发以及对新技术的投入也值得关注。

产业链纵向聚合是目前一种特殊的趋势，尤其对于大型媒体集团而言。最著名的例子就是“俄气媒体”的“TNT 电视网”（ТНТ-Телесеть）收购以制作娱乐搞笑节目为主的“喜剧俱乐部”。此外，几乎所有的媒体都将自己的节目发布在网络上，以维持或拓展受众群体，开辟更多的广告发布平台。依靠建立从属的网络项目来进行的垂直化拓展也是目前最普遍的和最受重视的发展方向。

2014 年 11 月，全俄国家电视广播公司、国家媒体集团和“CTC 传媒”集团联合创立了一家全新的影视制作公司，新公司在 2015 年 1 月 1 日投入运行，并计划在 3~5 年内成为行业内的旗舰。根据协议，三家公司按照三等分的原则获得新公司 90% 的股份。

从战略角度看俄罗斯媒体的集团化发展形势，媒体所有权在经济目的并不明确的并购交易中出现了混乱的扩大，例如《消息报》在“ProfMedia”、俄气传媒集团和国家媒体集团间的转卖。也有相反的案例，就是俄罗斯首富乌斯马诺夫收购老牌的《生意人》报以及俄罗斯排名前三位的社交网站、俄语世界最大的互联网公司“Mail.ru”，彻底巩固和扩大了自己在传媒领域的地位。将成熟的商业运作内容注入媒体发展战略计划，这是目前俄罗斯媒体集团化发展的一个最普遍的趋势。

从地域市场开发角度来看，当前俄罗斯媒体聚合趋势还主要表现在向心化，即媒体集团旗下大多数节目覆盖全境的媒体总部都在首都莫斯科。在 22 个联邦级电视频道中只有“第五频道”是在圣彼得堡。因此出现一种现象，整个俄罗斯联邦的媒体市场几乎就等同于莫斯科的媒体市场。大型媒体集团对地方媒体和地方广告资源也有一定的兴趣。不过，所有的媒体资本都聚集在首都，这是一个重要的问题，它导致俄罗斯国内媒体市场发展的严重不对称。传媒市场主要玩家对地域市场的不对称拓展，导致中央和地方在收入分配上长期存在不平衡，在莫斯科以外的地区传媒产业资本占有量过低。例如，俄罗斯所有地方电视频道在 2012 年的广告收入为 315 亿卢布，仅占整个市场的 22%。在这种情况下，地方的媒体公司不可避免地受到联邦级玩家的影响。

第七章
“今日俄罗斯”品牌的启示

经过多年的发展和经验积累，俄罗斯的媒体市场已经进入逐渐成熟的平稳发展期。这种积累也为俄罗斯对外传播能力和效果的提升打下了坚实的基础。“RT”电视台的成功与“今日俄罗斯”国际新闻通讯社的设立和发展，都离不开俄罗斯媒体市场积极发展的大背景。

纵观RT和“今日俄罗斯”发展壮大的过程，我们可以看到，虽然RT和“今日俄罗斯”的表面联系并不大，其实二者的设立有着千丝万缕的联系。可以说，如果没有RT的成功，就不可能有今天的“今日俄罗斯”。而且，无论是从两个媒体品牌设立的初衷看，还是从设立以后的人事安排和运营理念看，RT和“今日俄罗斯”都有很多共同之处，甚至连名字都如此近似。所以，从一定意义上讲，我们可以把“RT”电视台和“今日俄罗斯”通讯社统一起来，以“‘今日俄罗斯’品牌”来加以研究。

作为俄罗斯对外传播媒体，虽然“今日俄罗斯”的运营和传播方式引起了各国尤其是西方世界的争议甚至不满，但它在短短数年时间内不断地发展壮大，迅速扩大了影响力，挑战了西方对国际舆论的主导权，从这个意义上来说，“今日俄罗斯”是成功的。在这个过程中，“今日俄罗斯”与西方媒体的冲突折射出西方大国与新兴市场国家之间的“软实力”较量和价值观冲突。“今日俄罗斯”品牌的成功也预示着世界新闻传播格局或许即将发生剧烈变化。因此，对“今日俄罗斯”品牌的研究也就是对俄罗斯对外传播能力的研究，这对于中国媒体的国际传播能力建设、提升中国媒体的国际话语权有着重要的借鉴意义。

第一节 “今日俄罗斯”品牌成功的原因

结合“RT”电视台和“今日俄罗斯”国际新闻通讯社的发展经验，我们可以从以下几点总结“今日俄罗斯”品牌在短期内实现国际传播力大幅提升的原因和经验。

一、高层给予高度重视

进入21世纪以来，俄罗斯与西方国家的关系一直起伏不定。在这个过程中，俄罗斯媒体从来没有放弃过对国际话语权的争夺。圣彼得堡国立大学新闻系新闻史教研室教授、新闻学博士卢基扬诺维奇说过，“俄罗斯有能力去打破西方国家对新闻的垄断”。普京曾经在视察“RT”电视台总部、组建“今日俄罗斯”通讯社时不止一次地表示，俄罗斯外宣媒体的主要任务是打破西方媒体在国际舆论方面的垄断。

普京对“今日俄罗斯”品牌的重视是显而易见的，这正是“今日俄罗斯”品牌能够获得成功的最重要的原因之一。有业界人士将“今日俄罗斯”称作俄罗斯政府的“一把手工程”，因为在其品牌的创建、发展、壮大和整合的过程中，总统普京对这一品牌亲力亲为的推动作用可谓功不可没。组建“今日俄罗斯”国际新闻通讯社的总统令由普京亲自签署，社长基谢廖夫由普京直接任命，总编辑玛格丽塔·西蒙尼扬从当时政记者开始就时常跟随普京左右。仅此一点就大大提升了这一外宣媒体在俄罗斯国内以及国际媒体界的地位。总统直接任命社长意味着总统对媒体的重视，也意味着在运营中“今日俄罗斯”的品牌在人力、资金、信息等媒体资源方面能够得到俄罗斯最高领导层更多的关注和支持。这就极大地提升了“今日俄罗斯”品牌在国际舆论斗争中的竞争力和影响力。

高层的重视给“今日俄罗斯”带来的最直接资源就是资金。“RT”电视台创办初期，每年的预算仅仅不到10亿卢布（按当时汇率约合0.3亿美元），但是到了2015年，“RT”电视台的年度预算超过了150亿卢布（按卢布汇率大跌前的汇率计算约合5亿美元）。2013年，在俄罗斯国有媒体改组过程中，普京曾明示不得削减“RT”电视台的预算。根据2015年俄罗斯联邦财政预算，“今日俄罗斯”国际新闻通讯社的年度预算为64.8亿卢布（按卢布汇率大跌前的汇率计算约合2亿美元）。

正是由于高层的重视，俄罗斯各级官员都愿意、甚至主动接受“今日俄罗斯”品牌媒体的采访。过去十年间，遇到重大国际问题时，普京多次亲自到RT录制节目或接受采访，使之成为普京就重大国际问题发表讲话的“第一出口”，俄罗斯外长拉夫罗夫及其副手更是RT的常客。甚至可以说，普京强硬的外交风格都直接反映在了“RT”电视台对国际冲突性事件的报道上。除了在新闻内容和采访权上享有特殊优待和信息独享权以外，普京在出访期间还曾多次出席“今日俄罗斯”通讯社海外分支机构的落成典礼，并直接与外国领导人签署“RT”电视台的落地协议。

这样的模式对于俄罗斯政府和“今日俄罗斯”媒体品牌来说

是双赢的：一方面，俄罗斯对于重大国际国内问题的立场可以通过这一国际传播平台在全球范围内得到有效传播；另一方面，内容的独家性直接提高了“今日俄罗斯”品牌的知名度和国际竞争力。在处理俄格战争、叙利亚问题乃至乌克兰危机的时候，普京等俄罗斯各级高官都接受了“今日俄罗斯”的采访，通过这一渠道发声，并在一定程度上成功引导了国际舆论，缓解了西方国家施加的舆论压力。也正是经过对几次大型地缘政治危机的报道，“RT”电视台、“今日俄罗斯”通讯社的国际影响力得到了极大的提升。

如今，在“今日俄罗斯”品牌下，已经形成了电视、广播、通讯社、网站、平面媒体等全媒体形态。如果没有来自顶层的设计和支持，无论是“RT”电视台还是“今日俄罗斯”通讯社，都很难在短时间内达到如此的高度。

二、资源得到有效整合

事实上，我们在研究“今日俄罗斯”模式的成功之处时，更多地是在评估其国际传播的有效性。比起很多发展中国家投入巨资但在国际传播领域收效甚微，俄罗斯的国际传播效果显然要好很多，效率也要高很多。但是，要想把这种成功延续下去进而发展成为一种常态，和西方媒体在国际舆论战场上长时间抗衡，那就需要将资源进行有效整合，从而实现传播效果的最大化。这一发展趋势既是媒体市场未来发展的趋势，也是对外传播的时代要求。

虽然“RT”电视台在发展中取得了令人难以置信的成功，但这不能掩盖其背后的一些问题。不少传播学专家认为，尽管RT目前在网络点击率和收视率方面取得了其他非西方媒体无法超越的成绩，但报道全球政治和经济问题的经验仍不足。在俄罗斯，能够熟练使用外语又在新闻传播领域拥有丰富经验的从业人员本就不多，因此，整合包括人员、平台和资金在内对外传播资源就成为“今日俄罗斯”品牌持续高水平发展的基础之一。

作为“今日俄罗斯”国际新闻通讯社的前身之一，俄新社自成立以来的70多年间，一直把外宣作为主要的工作目标之一，积累了丰富的外宣经验。2005年组建的“RT外宣电视频道”，更使其在俄罗斯外宣领域的影响力明显提升。得益于RT知名度的提升，“今日俄罗斯”成为俄罗斯新组建的外宣旗舰媒体的基本名称因素。“俄罗斯之声”广播电台是一家老牌外宣机构，近年来这家媒体不断丰富其媒体形态，并在境外进行了大量的本土化运作尝试，外语人才众多。将“俄罗斯之声”并入“今日俄罗斯”国际新闻通讯社，有利于俄罗斯现有外宣媒体的资源整合、优势互补，进而提升其外宣效率和影响力。

从数量上看，新的“今日俄罗斯”国际新闻通讯社主要是俄新社和“俄罗斯之声”的合并，但从规模和实力上看，绝不仅是这两家媒体的简单相加。从形式上看，“今日俄罗斯”国际新闻通讯社是一家通讯社性质的媒体，但从实质上看，这家新组建的国际通讯社是一家集报纸、杂志、广播、网络等多种媒体形态的外宣媒体集团。

目前来看，刚刚改组一年多的“今日俄罗斯”国家新闻通讯社与已经成立近10年的“RT”电视台在业务和经费上均相对独立，但双方在新闻采编、媒体平台等方面均实现了资源共享，而且，今年36岁的玛格丽塔·西蒙尼扬本人同时兼任“今日俄罗斯”国际新闻通讯社与“RT”电视台的总编辑。

在这次媒体整合过程中，原俄新社的各种产品形态基本得到了保留。在原有的常规业务、新媒体业务继续开展的同时，“俄罗斯之声”广播电台的并入和最新的外宣品牌“卫星”（Sputnik）的推出，进一步丰富了“今日俄罗斯”国际新闻通讯社的产品形态，从而实现了全媒体传播。可以预见，在不久的将来，“今日俄罗斯”国际新闻通讯社和“RT”电视台会进一步加强媒体资源的整合。“今日俄罗斯”媒体品牌实际上整合了上述三家媒体的全部资源，被外界称为俄罗斯对外传播的“媒体航母”一点不为过。

整合形成新的“今日俄罗斯”品牌，社长直接由总统任命，外宣财政资金统一拨款，这几项措施都大大强化了俄罗斯最高领导层对外宣媒体的控制和管理。这一调整的更长远目标在于，通过强化对外宣媒体的管理，重振俄罗斯的国际形象，在外宣中更好地体现俄罗斯的国家立场和核心价值观念。

前俄罗斯总统办公厅主任伊万诺夫曾经强调，俄罗斯必须而且可以做到向世界展示俄罗斯坚决捍卫国家利益的决心。从这句话也可以看出俄罗斯调整传媒领域、增强外宣媒体实力、通过加强管理提升其国际形象和影响力的坚定意志。

三、本土化传播与国际化叙事成功结合

有了基本的物质保障并不能确保媒体的传播有效性能够得到提升，“今日俄罗斯”品牌的成功更多地还是在于其传播方式迎合目标受众的接受习惯，实现了真正意义上的本土化传播与全球化叙事的结合。

所谓本土化传播，简单来说就是媒体在报道方式、切入视角、观点阐释、叙事风格等方面适应不同国家和地区受众的接受心理和接受习惯。所谓全球化叙事，是指媒体传播的新闻和话题大多体现出国际化的样貌，涵盖国际政治、经济、体育、科技、文化

等不同的领域。不过，全球化叙事最终需要通过本土化运营得以实现。

一般来说，本土化要体现四个要点：一要有本土化媒体；二要有本土化内容；三要做到本土化运营；四要实现人才本土化。可以说，“今日俄罗斯”品牌就是在这四个方面取得了突破，从而在对外传播领域取得了成功。

“RT”电视台的节目形式一开始就明确定位为“俄罗斯的CNN”，节目设置和风格参照CNN和BBC等西方电视频道，每个时段的前半小时均为新闻节目，后半个小时为各类纪录片和专题节目。RT熟练运用了西方媒体所常用的、西方受众十分熟悉和易于接受的现代电视传播模式。在不少西方传媒专家眼里，RT全面掌握了宣传诀窍，这是非常难得的。

在内容方面，“RT”电视台以报道国际社会和受众广为关注的新闻为主，国际热点更是播报的重点，其次才是关于俄罗斯经济、文化、现代社会发展等方面的内容。RT总编辑玛格丽塔·西蒙尼扬就认为，西方社会没有人会愿意整天看俄罗斯的内容。除了对俄罗斯进行积极正面报道外，RT并不避讳俄罗斯的负面新闻，例如，RT对2011年年底一系列的反普京游行作了详尽的报道，并在报道中采访了俄罗斯、美国和其他国家的相关专家。“RT美国台”在“RT国际英语”频道的基础上增加了许多美国本土的新闻与报道，由RT在华盛顿的演播室和本土团队完成制作和播出。虽然RT对于美国是一家外国电视台，但RT从报道形式和内容选择上不仅没有疏远美国受众，而且想方设法贴近受众。

虽然RT在节目风格上接近西方电视台，但整体而言特别在与俄罗斯国家利益相关的重大问题上，RT表现出自己的独到之处，通过呈现多样化的意见，允许不同观点的碰撞，传递出不同于美国和其他西方媒体提供的信息和立场。“RT 美国台”的介绍词是这样的：

> 我们提供与美国主流电视完全不同的视角，我们报道新闻的另一面，我们不下结论，只提出那些还没有答案的问题。

“RT”电视台报道内容的差异化，迎合了欧美年轻人猎奇、多变以及挑战权威的特点，从竞争策略而言，也避开了 CNN、BBC 等欧美传统媒体的品牌优势。玛格丽塔·西蒙尼扬曾说过：

> 如果打开 CNN 和 BBC，80%~90% 的新闻是一样的，我们想展示更多的新闻。

此外，“RT”电视台针对年轻人喜欢通过互联网获取新闻的特点，制定了网络社交媒体发展战略，取得了令人称奇的成绩，成为全球网络粉丝最多的电视频道。

在本土化运营方面，“今日俄罗斯”新闻通讯社在原俄新社和“RT”电视台的驻外分社、演播室、记者站等机构的基础上，在华盛顿、伦敦、巴黎、布宜诺斯艾利斯、伊斯坦布尔、迪拜、北京等世界各地设立 12 个采编中心。

目前，“RT”电视台在北京无分支机构，但俄新社驻北京分社已经有多年历史，办公地点位于北京东单的新闻大厦，除新闻报道外，还是俄罗斯联邦政府设在北京的“俄罗斯新闻中心”所在地，经常结合中俄两国的相关热点话题举行视频会议、座谈会、推介会、记者会等活动。近年来，不少中国和俄罗斯的官员、学者曾在这里接受中国、俄罗斯及第三国媒体的采访。

为了能够吸引世界各国的名主播、名编辑和名制作人加盟，“今日俄罗斯”不惜花费重金。BBC、CNN 等全球一流国际新闻媒体中的很多优秀人才，都被“今日俄罗斯”以高薪挖走。

其中，美国著名主持人拉里·金签约“RT”电视台曾经在西方世界引起了震动。曾经在 CNN 工作 25 年、有着“王牌脱口秀主持人”称号的拉里·金，曾是美国薪金最高的男性新闻工作者。他主持的“拉里·金现场”节目，是 CNN 收视率最高的节目。目前，拉里·金在 RT 主持“拉里·金现场秀”（Larry King Now）。当拉里·金签约 RT 的消息传出后，英国《泰晤士报》曾发出这样的感慨：

> 美国最家喻户晓的电视访谈人物叛逃到了俄罗斯。

普京在视察“RT”电视台时曾表示，RT 的任务很简单，那就是“打破美国人对英语舆论的垄断”。

目前，RT 的员工当中有大约 1/3 为外籍员工。据位于华盛顿的中央电视台北美中心站负责人介绍，“RT 美国台”（RT America）开播并在华盛顿设立演播室之后，以高出约 30% 的薪水从中央电视台北美中心站挖走多名当地雇员。

四、重视品牌建设

在欧美舆论的团团包围之中，“RT”电视台为俄罗斯的对外传播事业取得了突破。“今日俄罗斯”这一品牌已经在西方世界得到了认可。也正因为如此，新成立的国际新闻通讯社才会继续沿用这一品牌。

当然，“今日俄罗斯”品牌的成功不是一蹴而就的。在设立初期，“RT”电视台并没有取得预料当中的传播效果，直到2008年俄格冲突爆发，RT才开始在国际传媒市场上声名鹊起。但是，这并不意味着RT的成功是一种偶然。RT在运营过程中不断调整自己的传播策略、高度重视品牌培育、不断积累传播经验，才最终实现了厚积薄发。

通过对俄格战争、总统大选、中东危机、乌克兰危机等国内外重大政治事件的报道，RT让全球受众尤其是西方受众明白，在西方媒体控制的国际舆论市场上还存在着另一种截然不同的声音，这本身就足够有品牌和内容吸引力。

在运营方面，RT充分借鉴了西方媒体市场的成功经验，重视开发名人效应。除了拉里·金以外，RT从2012年起开始与“维基揭秘”创始人阿桑奇开展合作。RT为阿桑奇打造了一档名为“明日世界”（The World Tomorrow）的访谈节目。阿桑奇作为主持人采访了一系列反美锋线人物，如黎巴嫩真主党领袖纳斯鲁拉，这一节目也获得了广泛关注。

正是因为尝到了品牌效应的甜头，“今日俄罗斯”国际新闻通讯社在2014年年底宣布，整合原俄新社和“俄罗斯之声”广播电台的海外和外语编播力量，推出了又一全新的子媒体品牌——“卫星”通讯社（Sputnik）。该子媒体无论是定位还是海外运营战略，都透露出“RT”电视台的诸多痕迹。未来，“今日俄罗斯”国际新闻通讯社的海外传播业务将尽数划归“卫星”通讯社，俄罗斯也希望通过打造一个全新的外宣媒体品牌来弥补“今日俄罗斯”品牌在对外广播和外宣网络媒体方面的短板，进一步提升对外传播的质量。

第二节　“今日俄罗斯”模式对中国对外传播的启示

中国共产党的十八大以来，世界政治和国际关系正在发生新的变化，国际局势也越发复杂多变，让中国的声音在全球范围内传得更远更响更有吸引力是发展的必然要求。但是，与美国、俄罗斯等世界大国相比，中国对外传播工作仍然在一定程度上存在着定位模糊、战略不明确、资源利用效率低、运作不够灵活、机制束缚偏大等问题。

俄罗斯媒体市场的构架和发展现状与中国相比有众多不同之处。不过，俄罗斯当前的社会环境和媒体市场的基础与中国又有着很多相似之处。比如，两国的媒体市场仍然以国有媒体为主导，整体传播模式都处于由一元化传播向多元化传播的转变过程当中、都处于改革攻坚期，国家对于媒体市场和传播模式的监管作用近似，等等。因此，“今日俄罗斯”模式的成功经验对于中国媒体的国际传播能力建设有着积极的借鉴意义。

一、加大对对外传播的重视程度

从“今日俄罗斯”的成功经验中可以看出，离开了高层的重视和支持，“今日俄罗斯”这个品牌很难达到现在这样的高度，取得目前的传播成效。

随着中国综合国力的不断提升，在周边形势复杂多变、大国关系深度调整的大环境下，让中国声音在国际生活中更加响亮成为必然的要求，也是符合中国国家利益的基本诉求。特别是中国国际传播的根本目的是更好地配合国家外交战略。媒体的国际传播实际上是公共外交的重要组成部分。因此，国际传播需要服务于国家外交大局，把国际传播能力建设的重点投放到国家外交重点关切的地方、国家战略安全非常需要的地方、国家经济发展有重要需求的地方、中国海外利益集中的地方、华人华侨相对聚集的地方、西方媒体非常活跃的地方、国际舆论斗争急切需要的地方、媒体经营极具广阔前景的地方。

事实上，中国高层领导对外宣工作的重视程度在逐年增强，中国主要的外宣媒体已经提出了相对成熟的国际传播理念，但这些理念在落实过程中常常面临来自体制、资源等方面的束缚和困难，对外传播的效果差强人意。要想在国际传播工作上寻求突破，克服种种困难，得到高层和各级部门的进一步支持就显得非常重要。

建设一个高效的国际传播媒体集团是一项复杂的系统工程，涉及方方面面，需要进行顶层的系统设计。俄罗斯外宣媒体的整合就是由俄罗斯政府主导设计和推进的。中国建设国际传播媒体集团，需要加大政府对外宣媒体的资金总体投入和扶持力度，壮大总体实力，支持重点媒体加快“走出去”步伐，增强媒体的国际舆论竞争力。同时，也应该为重点媒体“松绑”，鼓励重点媒体运用市场手段吸纳和整合各种社会传播资源。

二、优化资源配置　加大资金投入

一个传媒集团有规模才会有整体效应，才能更好地发挥协同效应。“今日俄罗斯”是一个集报纸、杂志、广播、电视、网络等多种媒体形态的对外传播集团品牌，将来还会继续丰富媒体形态，使其成为俄罗斯全媒体形态的外宣“航空母舰”。

相比之下，中国的对外传播媒体资源目前还相对分散，各自为战，难以形成合力。因此，中国媒体应遵循“多媒体融合、全媒体发展”规律，改变单一传统媒体手段以及各自对外的模式。

先行从国家重点媒体资源整合着手，通过自上而下的整合，优化中国外宣媒体资源配置，逐步调整分行政区划和分行业设立媒体机构的模式，改变中国传媒散、弱、小的现状，打造具有国际竞争力的传媒集团。鼓励拥有多家传媒单位的地区、部门、单位以及业务相同、相近的传媒单位，通过重组、联合、股份化等方式，按照优势互补、资源结合原则，以资本为纽带，组建新的传媒集团，形成新的市场主体和战略投资主体。同时，实施兼并重组战略，推进传媒产业结构调整，逐步改变媒体产业类型单一、产业价值链条单一、产业赢利模式单一的现状。可将公益性事业和经营性产业相剥离，成立专门的媒体运营机构，通过市场化运行方式，谋求社会合作，提升资源的资本价值，鼓励传媒跨行业、跨地区、跨媒体、跨所有制的规模化经营。

在资金投入上，中国政府应该考虑给予国际传播媒体集团更大的支持。无论是今天的“今日俄罗斯”国际新闻通讯社和“RT”电视台，还是当初的俄新社、“俄罗斯之声”电台，均始终得到俄罗斯联邦政府持续而不断增长的资金支持。2005~2006 年，RT 每年的预算仅有 3000 万美元；2008~2009 年，增长到每年约 1 亿美元；2011 年，翻了一倍，增长到约 3 亿美元；2014 年，达到近 4 亿美元；如果剔除 2014 年年底卢布因外部原因大跌的因素，2015 年，整个“今日俄罗斯”品牌旗下的媒体总预算达到 7 亿美元之多。[①] 正是由于经费充足，“今日俄罗斯”得以配备先进的技术系统和设施，聘用一批有经验有影响力的本土主持人、编辑和记者。这大大提高了“今日俄罗斯”的品牌知名度和影响力。

考虑到中国现有的独特国情，在适当增加对外宣媒体资金总

① 包括“今日俄罗斯”国际新闻通讯社与“RT”电视台。

体投入的基础上，我们还应该利用好国家现有的对外经济合作专项资金、文化产业投资资金等专项资金，支持重点媒体加快“走出去”步伐，增强媒体的国际舆论竞争力。同时，鼓励重点媒体运用市场手段，吸纳和整合各种社会传播资源，充分利用其信息内容、运作模式、营销渠道、专业人士、传播品牌等优势，允许大型国有企业战略投资、民营资本参股，加快海外市场化步伐，增强媒体自我造血功能。建议组建专项基金，下设传媒产业基金、创业投资基金、媒体并购基金等，在政府主导前提下，运用市场化、商业化、本土化等灵活多样的方式，进军国际媒体市场。

需要指出的是，资源的成功整合不但不会增加整体资金开销，反而能够提高资金利用效率，杜绝资金浪费。当前，俄罗斯已经最大限度地整合了俄罗斯除平面媒体[①]外几乎全部的国有外宣媒体资源，将有限的资金集中到优势品牌上，大大提高了资金使用率。目前，中国的主要外宣媒体散布于广播、电视、平面媒体。其中的个别媒体经过多年的努力，已经逐步实现了传统媒体与新媒体形态相结合的全媒体传播。如果能在此基础之上，对其他已有媒体资源进行跨媒体、跨领域整合，一个“今日中国”的全媒体国际传播品牌雏形就可以得到初步确立。

三、改进报道方式　强化本土化传播

事实上，改进报道方式、对外进行本土化传播是中国多家外宣媒体早就提出的传播理念。但是，要做到本土化传播困难很多。尤其是在传播内容和叙事方式上，我们还没有完全掌握适合西方受众接受的传播技巧。

---

① 俄罗斯的主要平面外宣媒体“焦点新闻外的俄罗斯”（Russia beyond the headlines）由《俄罗斯报》运行。

与中国外宣媒体主要报道与中国有关的内容不同的是，“今日俄罗斯”品牌制作的节目介绍俄罗斯的内容并不多，更多地关注全球范围内的热点新闻。在内容选择上，RT与CNN等西方媒体的选择几乎没有区别，内容的国际化是RT持久吸引受众观看的主要原因。

“今日俄罗斯”从不隐瞒或避讳自己“俄罗斯官方媒体”的身份，但它是通过国际化的话语体系获得西方受众的认可。其节目形态、主持方式、记者连线的方式等均高度模仿CNN、BBC等西方电视媒体，再加上对同一新闻事件提出与西方媒体不同的观点，使其较好地被西方受众所接受。

当然，“今日俄罗斯”的成功与近年来俄罗斯与西方矛盾日益激化有着直接联系，可谓“时势造英雄”。每一次俄罗斯面临巨大国际舆论压力的冲突性事件时，“今日俄罗斯”都扮演着“媒体急先锋”的角色，成功地将国家危机转化为提升自身媒体知名度与影响力的机遇。

在中国，“中国价值”是当下国际传播需要把握的核心要素，也是实现中华民族伟大复兴“中国梦”的活的灵魂。对外传播要以中国核心价值观为支撑，以“中国梦”为引领，从历史与现实、全球与民族、国家与个人等诸多层面，用国外受众能理解、易接受的话语方式，不断加强“中国梦”的宣传和阐释。在这方面，可以允许对外传播媒体采取不同于内宣媒体的独特视角、运用犀利的言语、表达鲜明的观点，鼓励对外传播媒体积极驳斥、勇于挑战西方社会的错误言论和偏见，在传播中国立场的同时扩大自己的知名度和影响力。

此外，在当前媒体科技发展日新月异的时代背景下，前瞻性尤其体现在对新兴技术的应用上。从历史上看，一切传播格局的变革都是媒体技术进步推动的结果。数字和移动技术不仅深刻改变着人们的生产生活方式，也极大冲击了媒体产业，使得受众细分、内容社交、平台移动成为媒体未来的发展方向。在这方面，RT 等俄罗斯媒体以互联网技术为先导，充分利用 YouTube 等西方主流社交平台，同时发挥移动互联的优势，开发了适应不同操作系统的应用终端，以吸引和锁定受众，从而达到对外传播的长期效应。

四、整合资源　打造重量级外宣品牌

“品牌传播”是媒体传播影响力的重要因素之一。“今日俄罗斯”能够在短短的时间内在国际舆论竞争中拥有一席之地，就得益于其良好的品牌影响力。也正因为如此，俄罗斯总统普京在推进俄罗斯外宣媒体整合时，撤销俄新社和“俄罗斯之声”，统一使用“今日俄罗斯”品牌。无论是“RT”电视台、“今日俄罗斯”国际新闻通讯社，还是新成立的以网络和广播为主业的“卫星”通讯社，在“今日俄罗斯”的统一品牌覆盖下，分工明确，各司其职，形成了对外传播品牌合力。

在中国，对外传播媒体资源已经初具规模，目前在广播、电视、平面媒体、新媒体等平台上均有布局。但力量不够集中、分工不够明确，导致各自为战、缺乏合力。应该围绕加快形成中国对外传播核心竞争力，依托已有的几大外宣媒体，打造具有强大实力、竞争力和影响力的“拳头”品牌矩阵。尤其是在具体业务方面，应该区分国际国内传播的政策支持导向，在报道口径、话语体系和资本准入等方面对国际传播媒体要有明确的政策倾斜，应当区别对内对外报道的内容口径，适当突破针对内宣媒体提出的内容要求，多给对外传播媒体内容支持，比如，考虑中央主要领导接受对外传播媒体的专访、通过对外传播媒体发布重要信息，等等。

值得一提的是，中国媒体过去主要针对国内传播，在对外传播时名字过于标签化。应尽量淡化政治色彩，打造较为合乎境外受众接受习惯且能承载中国文化价值观的媒体品牌，尽快改变传统的、直接的、简单以中国面目出现的媒体“走出去”方式，代之以按照国际惯例，采用公司化、本土化运作等多种形式出现在国际媒体舞台上。

此外，品牌传播短期内很难为普通人所熟知，可以巧借境外媒体的品牌，通过内容嵌入等方式，提升中国媒体的知名度。建议以现有外宣媒体为基础，打造出专司国际传播的传媒集团，统一使用人力、节目、技术、资金和海外机构等多种资源，努力实现同一品牌的综合化、多元化发展，以降低生产经营成本，形成规模效益。在这方面，俄罗斯政府对外宣资源的统一整合、“今日俄罗斯”品牌的成功运作无疑具有很大的借鉴作用。

当然，必须指出的是，包括“RT”电视台、“今日俄罗斯”国际新闻通讯社在内的俄罗斯媒体市场的整体发展、传播模式的转变进程也有其自身的独特性和局限性。由于政治、经济、社会、历史等各方面因素的影响，在俄罗斯的媒体体系中，既显露出集权主义和集体主义的一些特征，也闪烁着民主主义制度的众多因素。这两种不同特征的并存也表明，俄罗斯的媒体市场改革和传播模式仍然是一个亟待解决的现实问题，未来的发展方向其实还难以断定。因此，我们在学习和借鉴“今日俄罗斯”模式的过程中，必须抱着实事求是、一切从实际出发的基本原则，避免盲目的照搬照学，要结合中国的具体国情，找到适合中国媒体发展的成功经验。

参考文献

俄罗斯联邦出版与大众传媒署 . 俄罗斯电视媒体 2014 年产业报告 . 2014.

俄罗斯联邦出版与大众传媒署 . 俄罗斯电视媒体 2013 年产业报告 . 2013.

俄罗斯联邦出版与大众传媒署 . 俄罗斯广播媒体 2014 年产业报告 . 2014.

俄罗斯联邦出版与大众传媒署 . 俄罗斯互联网 2014 年产业报告 . 2014.

俄罗斯联邦出版与大众传媒署 . 俄罗斯平面媒体 2014 年产业报告 . 2014.

俄罗斯联邦出版与大众传媒署 . 俄罗斯平面媒体 2013 年产业报告 . 2013.

[俄] 谢尔盖 · 斯米尔诺夫 . 俄罗斯媒体集团：媒体融合的国家经验 . 媒体世界出版社，2014.

[俄] 叶莲娜 · 瓦尔塔诺娃 . 俄罗斯媒体和新闻学的后苏联转型 . 媒体世界出版社，2013.

[俄] 加林娜 · 谢皮洛娃 . 媒体中的广告：历史，技术，分类 . 莫斯科大学出版社，2010.

[俄]瓦列里·伊万尼茨基.新闻学现代化：方法论著述.莫斯科大学出版社，2010.

[俄]伊万·扎苏尔斯基.俄罗斯的重构——90年代的大众媒体和政治.莫斯科大学出版社，2001.

独立电视台与俄政府冲突的主要阶段//http://www.yabloko.ru/Publ/2001/2001_4/010409_ntv_etapy.html（独立电视台官网）.

俄罗斯电台2013年排行榜//http://www.echo.msk.ru/about/ratings.html（“莫斯科回声”电台官网）.

俄罗斯通讯社的特点//http://www.e-ng.ru/zhurnalistika/specifika_funkcionirovaniya.html(俄罗斯“大图书馆”官网).

[俄]谢苗·古列维.从出版社到媒体集团//http://www.mediascope.ru/?id_menu=2&id_menu_item=2&id_object=4&id_item=404.

[俄]阿列克谢·格里戈里耶夫.俄罗斯—格鲁吉亚：信息战//http://olegpanfilov.com/?p=3958.

胡晓光.俄罗斯将进一步限制外资在俄媒体中持股份额//http://business.sohu.com/20141015/n405155351.shtml.

[俄]卡捷琳娜·季塔耶娃.俄罗斯人更喜欢网络电视//http://rbcdaily.ru/media/562949989034406.

[俄]谢尔盖·索伯列夫，达利亚·卢甘斯卡雅，米哈伊尔·鲁宾，斯维特兰娜·波恰洛娃.出版商的威胁：新修订的《大众传媒法》触碰了谁的利益？//http://top.rbc.ru/economics/18/09/2014/949723.shtml.

减小外部势力影响俄立法限制媒体外资比例//http://tsrus.cn/shizheng/2014/09/26/37187.html（透视俄罗斯官网）.

美媒：俄罗斯记者是宣传工具 //http://www.polit.ru/news/2008/03/07/wp/（俄罗斯政治网）.

[俄] 马克·乌尔诺夫. 叶利钦使我们获得自由 //http://www.aif.ru/society/history/18278.

阿利舍尔·乌斯马诺夫的媒体帝国 //http://old.anbr.ru/upload/afmedia%20fact.pdf（事件文摘）.

RT 索契冬奥会专题报道：http://2014.rt.com/

RT 乌克兰基辅集会特别报道：http://russian.rt.com/tag/960

“今日俄罗斯”通讯社（原俄新社）乌克兰局势特别报道专题：http://ria.ru/trend/disorders_Kiev_20012014/

“今日俄罗斯”通讯社(原俄新社）2013年G20峰会专题报道：http://ria.ru/trend/summit_g20_04092013/

图书在版编目（CIP）数据

俄罗斯媒体格局与融合发展：以“今日俄罗斯”为例 / 中国国际广播电台著 .—北京：世界知识出版社，2016.8

ISBN 978-7-5012-5290-9

Ⅰ. ①俄… Ⅱ. ①中… Ⅲ. ①传播媒介—研究—俄罗斯 Ⅳ. ①G219.512

中国版本图书馆 CIP 数据核字（2016）第 201904 号

书　　名	俄罗斯媒体格局与融合发展：以“今日俄罗斯”为例 Российский медиарынок: интеграция и развитие: Опыт МИА “Россия сегодня” и телеканала RT
作　　者	中国国际广播电台
责任编辑	柏　英
责任出版	王勇刚
出版发行	世界知识出版社
地址邮编	北京市东城区干面胡同 51 号（100010）
电　　话	010-65265923（发行）　010-85119023（邮购）
网　　址	www.ishizhi.cn
投稿信箱	xueshuchuban@126.com
经　　销	新华书店
印　　刷	北京盛通印刷股份有限公司
开本印张	889 × 1194 毫米　1/32　6¼ 印张
字　　数	146 千字
版次印次	2016 年 9 月第一版　2016 年 9 月第一次印刷
标准书号	ISBN 978-7-5012-5290-9
定　　价	48.00 元